1808

LAURENTINO GOMES

1808

Como uma rainha louca, um príncipe medroso e uma corte corrupta enganaram Napoleão e mudaram a História de Portugal e do Brasil

Edição juvenil ilustrada

ILUSTRAÇÕES:
RITA BROMBERG BRUGGER

GLOBOLIVROS

Texto fixado conforme as regras do Novo Acordo Ortográfico da Língua Portuguesa (Decreto Legislativo nº 54, de 1995).

Editor responsável: Estevão Azevedo
Editora assistente: Elisa Martins
Adaptação de texto: Luiz Antonio Aguiar
Preparação de texto: Tomoe Moroizumi
Revisão: Huendel Viana
Revisão técnica: Milena da Silveira Pereira
Checagem: Simone Costa
Projeto gráfico e diagramação: Crayon Editorial
Capa: Alexandre Ferreira e Thaís dos Anjos

1ª edição, 2008 [Editora Planeta]
2ª edição, 2015
13ª reimpressão, 2025

CIP-BRASIL. CATALOGAÇÃO-NA-FONTE
SINDICATO NACIONAL DOS EDITORES DE LIVROS, RJ

G612m
2. ed.

Gomes, Laurentino, 1956-
1808: como uma rainha louca, um príncipe medroso e uma corte corrupta enganaram Napoleão e mudaram a História de Portugal e do Brasil - edição juvenil ilustrada / Laurentino Gomes ; ilustração Rita Bromberg Brugger. - 2. ed. - São Paulo : Globo, 2015.
il.

ISBN 978-85-250-6091-4

1. Brasil - História - João VI, 1808-1821. I. Brugger, Rita Bromberg. II. Título: 1808: como uma rainha louca, um príncipe medroso e uma corte corrupta enganaram Napoleão e mudaram a História de Portugal e do Brasil - edição juvenil ilustrada.

15-23822 CDD: 981.03
CDU: 94.(81)'1808/1824'

Direitos de edição em língua portuguesa para o Brasil
adquiridos por Editora Globo S.A.
Rua Marquês de Pombal, 25 — 20230-240 — Rio de Janeiro — RJ
www.globolivros.com.br

Para meus filhos, luzes da minha vida:
Marcelo, Bruno, Camila e Luisa

Sumário

Da Revolução Francesa à Independência do Brasil

ALGUNS ACONTECIMENTOS que marcaram a época da fuga da família real portuguesa para o Brasil.

1789 George Washington é eleito primeiro presidente dos Estados Unidos.

Revolucionários franceses tomam a Bastilha, prisão de Paris considerada símbolo da monarquia absoluta.

1790 A França adota o sistema decimal de pesos e medidas.

1791 Rebelião de escravos massacra fazendeiros brancos na colônia de São Domingos, no Caribe.

Wolfgang Amadeus Mozart morre aos 35 anos, em Viena.

1793 O rei Luís XVI e a rainha Maria Antonieta são executados na guilhotina, em Paris.

1795 Aos 25 anos, Napoleão Bonaparte derrota as tropas austríacas na região da Itália.

1797 O físico francês André-Jacques Garnerin demonstra o seu invento, o paraquedas, saltando de um balão a mil metros de altura, em Paris.

1798 As tropas de Napoleão conquistam o Egito.

1799 Médicos portugueses começam a aplicar em Lisboa a vacina contra a varíola, descoberta pelo inglês Edward Jenner.

1800 O governo dos Estados Unidos é transferido para a nova capital, Washington.

1801 Napoleão é eleito cônsul da França e, no ano seguinte, se torna cônsul perpétuo. A Espanha, sua aliada, derrota Portugal na "Guerra das Laranjas".

1803 O presidente Thomas Jefferson compra da França o território da Luisiana e dobra o tamanho dos Estados Unidos.

O médico japonês Hanaoka Seishu faz a primeira cirurgia com uso de anestesia geral para extirpar um câncer de mama.

1804 Na catedral de Notre-Dame, Napoleão coroa a si mesmo imperador da França.

1805 Sob comando de lorde Nelson, a Marinha britânica derrota a França e a Espanha na Batalha de Trafalgar e assume o controle absoluto dos oceanos.

1806 A Inglaterra proíbe o tráfico de escravos em todos os seus domínios.

1807 Napoleão declara o bloqueio continental na Europa contra a Inglaterra e invade Portugal. A família real portuguesa foge para o Brasil

1808 O príncipe dom João e a família real chegam ao Brasil. Forças britânicas e portuguesas derrotam Napoleão na Batalha de Vimeiro.

Goethe publica na Alemanha a primeira parte de sua obra prima, *Fausto*.

Ludwig van Beethoven faz, no Teatro de Viena, a primeira apresentação da *Quinta Sinfonia*.

1809 Robert Fulton patenteia nos Estados Unidos o barco movido a vapor.

1812 Os irmãos Grimm publicam na Alemanha seu primeiro livro de contos de fadas.

Napoleão fracassa ao tentar invadir a Rússia. Os ingleses capturam Madri.

1813 Tropas aliadas derrotam Napoleão na Batalha de Leipzig.

O México declara sua independência da Espanha. "O Libertador" Simón Bolívar ocupa Caracas, capital da Venezuela.

1814 Donatien Alphonse François, o marquês de Sade, morre aos 74 anos no asilo de Charenton, na França.

1815 Tropas britânicas, sob o comando do duque de Wellington, derrotam Napoleão na Batalha de Waterloo.

O Congresso de Viena redesenha o mapa político da Europa.

1816 Dom João torna-se rei do Brasil e de Portugal depois da morte de sua mãe, dona Maria I, a "rainha louca". A coroação, com o nome de dom João VI, só ocorreria dois anos mais tarde.

A Argentina consolida a sua independência da Espanha.

1817 Revolução republicana é sufocada por tropas de dom João VI em Pernambuco.

1818 Em Londres, Mary Shelley publica *Frankenstein*.

1819 O *Savannah*, primeiro navio a vapor a cruzar o Atlântico, parte dos Estados Unidos e chega a Liverpool, na Inglaterra, em 26 dias.

1820 Revolucionários liberais portugueses tomam o poder na cidade do Porto e exigem a volta de dom João VI a Lisboa.

1821 O inglês Michael Faraday constrói o primeiro motor elétrico.

Napoleão morre na ilha de Santa Helena. Suspeita-se que tenha sido envenenado.

Dom João VI e a família real retornam a Portugal.

1822 Às margens do riacho Ipiranga, em São Paulo, dom Pedro proclama a Independência do Brasil.

Introdução

O BRASIL FOI DESCOBERTO em 1500, mas, de verdade, só foi inventado como país em 1808. Foi quando a família real portuguesa de dom João chegou ao Rio de Janeiro fugindo das tropas do imperador francês Napoleão Bonaparte. Até então, o Brasil ainda não existia.

Pelo menos, não como é hoje: um país integrado, de dimensões continentais, fronteiras bem definidas e habitantes que se identificam como brasileiros. Até 1807, era apenas uma grande fazenda, de onde Portugal tirava produtos que levava embora. Ou seja, uma *colônia extrativista*, sem qualquer noção de identidade nacional.

As diferentes províncias eram isoladas e não se entendiam muito bem. Não havia comércio nem estradas, meios de comunicação, praticamente não havia contato entre elas. Tinham como ponto de referência apenas o governo português, que ficava lá em Lisboa, do outro lado do Atlântico.

A chegada da corte haveria de transformar radicalmente esse cenário. Uma semana após o desembarque em Salvador, o príncipe regente dom João (que ainda não era dom João VI) anunciou uma medida muito importante: a abertura dos portos. Além disso, na chegada ao Rio de Janeiro, liberou o comércio e a indústria manufatureira. Essas decisões representaram o fim do sistema colonial, o que, na prática, era o fim do sistema colonial.

Antes disso, o Brasil não podia comerciar com nenhuma nação, a não ser Portugal. E não podia fabricar nada por aqui — livros, sapatos, louça de casa, tecido; tudo era comprado de Portugal ou por intermédio dos portugueses. Eram três séculos de monopólio português que terminavam. Finalmente, o Brasil integrava-se ao sistema internacional de produção e comércio.

Foi o começo das grandes mudanças. Em apenas treze anos, entre a chegada e a partida da corte, o Brasil deixou de ser uma colônia atrasada, proibida e ignorante, para se tornar uma nação independente. Nenhum outro período da história brasileira testemunhou mudanças tão profundas, decisivas em tão pouco tempo.

Foi também um evento sem precedentes na história da humanidade. Nunca antes uma corte europeia havia cruzado um oceano para viver e governar do outro lado do mundo. Dom João foi o único soberano europeu a colocar os pés em terras americanas em mais de quatro séculos de dominação.

O propósito deste livro — agora também em versão juvenil — é contribuir para que esse acontecimento tão importante na história se torne cada vez mais conhecido pelos leitores brasileiros e portugueses. Nesta nova versão, o texto de *1808* foi editado pelo escritor Luiz Antonio Aguiar, autor premiado com inúmeras obras da literatura juvenil. As informações foram condensadas e, sempre que necessário, reordenadas para facilitar a compreensão dos jovens leitores. Esse trabalho, feito com a orientação do autor, teve o cuidado de preservar todos os detalhes fundamentais que compõem a história da corte no Brasil, excluindo apenas alguns personagens e situações considerados acessórios na edição original. Os capítulos são ilustrados com cenas e personagens da época reproduzidos em aquarelas pela artista plástica gaúcha Rita Bromberg Brugger.

O resultado pretende ser, ao mesmo tempo, atraente e educativo para os jovens leitores interessados em conhecer um pouco mais sobre a grande aventura da fuga da corte de dom João para o Brasil.

Laurentino Gomes
Itu (SP), julho de 2015

CAPÍTULO 1

A fuga da família real portuguesa

IMAGINE QUE, NUM DIA qualquer, os brasileiros acordassem com a notícia de que o presidente da República havia fugido para a Austrália, sob a proteção de aviões da Força Aérea dos Estados Unidos. Com ele, teriam partido, sem aviso prévio, todos os ministros, os integrantes dos tribunais superiores de Justiça, os deputados e senadores e alguns dos maiores líderes empresariais. E mais: a essa altura, tropas da Argentina já estariam marchando sobre Uberlândia, no Triângulo Mineiro, a caminho de Brasília. Abandonado pelo governo e todos os seus dirigentes, o Brasil estaria à mercê dos invasores, dispostos a saquear toda e qualquer propriedade que encontrassem pela frente e assumir o controle do país por tempo indeterminado. Provavelmente, a primeira sensação dos brasileiros diante de uma notícia tão inesperada seria de desamparo e traição. Depois, de medo e revolta.

E foi assim que os portugueses reagiram na manhã de 29 de novembro de 1807, quando circulou a informação de que a rainha, o príncipe regente e toda a corte estavam fugindo para o

Brasil sob a proteção da Marinha britânica. Nunca algo semelhante tinha acontecido na história de qualquer outro país europeu. Em tempos de guerra, reis e rainhas haviam sido destronados ou obrigados a se refugiar em territórios alheios, mas nenhum deles tinha ido tão longe a ponto de cruzar um oceano para viver e reinar do outro lado do mundo. Era, portanto, um acontecimento sem precedentes tanto para os portugueses, que se achavam na condição de órfãos de sua monarquia da noite para o dia, como para os brasileiros, habituados até então a ser tratados como uma simples colônia extrativista de Portugal.

No caso dos portugueses, além da surpresa da notícia, havia um fator que agravava a sensação de abandono. Duzentos anos atrás, a noção de Estado, governo e identidade nacional era bem diferente da que se tem hoje. Ainda não existia em Portugal a ideia de que todo poder emana do povo e em seu nome é exercido — o princípio fundamental da democracia. No Brasil de hoje, se por uma circunstância inesperada, todos os governantes fugissem do país, o povo ainda teria a prerrogativa de se reunir e eleger um novo presidente, deputados e senadores, de modo a recompor imediatamente o Estado e seu governo. As próprias empresas, depois de um período de incerteza pela ausência de seus donos ou dirigentes, poderiam se reorganizar e continuar funcionando. Em Portugal de 1807 não era assim. Sem o rei, o país ficava à míngua e sem rumo. Dele dependiam toda a atividade econômica, a sobrevivência das pessoas, o governo, a independência nacional e a própria razão de ser do Estado português.

Para complicar ainda mais a situação, Portugal era um dos países mais atrasados da Europa no que diz respeito às ideias e reformas políticas. Ao contrário da Inglaterra e da Holanda, em que a realeza ia gradativamente perdendo espaço para os grupos representados no Parlamento, em Portugal ainda vigorava o regime de monarquia absoluta. Ou seja, o rei tinha o poder total. Cabia a ele não só criar as leis, mas também executá-las e interpretá-las da forma que julgasse mais adequada. Os juízes e as câmaras municipais existentes funcionavam como meros braços auxiliares do monarca, que podia desautorizar suas opiniões e decisões a qualquer momento. Com a fuga do rei, Portugal deixava de ser Portugal, um país independente, com governo próprio. Passava a ser um território vazio e sem identidade. Seus habitantes ficavam entregues aos interesses e à cobiça de qualquer aventureiro que tivesse força para invadir suas cidades e assumir o trono.

Dom João VI

POR QUE O REI FUGIA?

Antes de explicar a fuga, é importante esclarecer que, nessa época, o trono de Portugal não era ocupado por um rei, mas por um príncipe regente. Dom João reinava em nome de sua mãe, dona Maria I. Declarada insana e incapaz de governar, a rainha vivia trancafiada no Palácio de Queluz, a cerca de dez quilômetros de Lisboa, a capital portuguesa. Segundo filho da rainha louca, dom João não tinha sido educado para dirigir os destinos do país. Seu irmão mais velho e herdeiro natural do trono, dom José, havia morrido de varíola em 1788, aos 27 anos. Além de despreparado para reinar, dom João era um homem solitário às voltas com sérios problemas conjugais. Em 1807, fazia quase três anos que vivia separado da mulher, a princesa Carlota Joaquina, uma espanhola geniosa e mandona com quem tivera nove filhos, um dos quais havia morrido ainda criança, aos seis anos. O casal dormia não apenas em camas separadas, mas em palácios diferentes e distantes um do outro. Carlota morava em Queluz, com a rainha louca. Dom João, em Mafra, na companhia de centenas de frades e monges que viviam às custas da Monarquia portuguesa. Situado a cerca de trinta quilômetros de Lisboa, o Palácio de Mafra era um dos ícones dos tempos de glória e abundância do Império colonial português. Mistura de palácio, igreja e convento, era nesse edifício gigantesco e sombrio que dom João passava seus dias entre reuniões com os ministros do governo e missas, orações e cânticos religiosos.

Carlota Joaquina

O príncipe regente era tímido, supersticioso e feio. O principal traço de sua personalidade e que se refletia no trabalho, no entanto, era a indecisão. Espremido entre grupos com opiniões conflitantes, relutava até o último momento em fazer escolhas. As providências mais elementares do governo o atormentavam e angustiavam para além dos limites. Por isso, costumava delegar tudo aos ministros que o rodeavam. Em novembro de 1807, po-

Palácio de Mafra

Napoleão Bonaparte

rém, dom João foi colocado contra a parede e obrigado a tomar a decisão mais importante da sua vida. A fuga para o Brasil foi resultado da pressão irresistível exercida sobre ele pelo maior gênio militar que o mundo havia conhecido desde os tempos dos césares do Império romano: Napoleão Bonaparte.

Em 1807, o imperador francês era o senhor absoluto da Europa. Seus exércitos haviam colocado de joelhos todos os reis e rainhas do continente, numa sucessão de vitórias surpreendentes e brilhantes. Só não haviam conseguido subjugar a Inglaterra. Protegidos pelo Canal da Mancha, os ingleses tinham evitado o confronto direto em terra com as forças de Napoleão. Ao mesmo tempo, haviam se consolidado como os senhores dos mares na Batalha de Trafalgar, em 1805, quando sua marinha de guerra, sob o comando de lorde Nelson, destruiu na entrada do Mediterrâneo as esquadras combinadas da França e da Espanha. Napoleão reagiu decretando o bloqueio continental, medida que previa o fechamento dos portos europeus ao comércio de produtos britânicos. Suas ordens foram imediatamente obedecidas por todos os países, com uma única exceção: o pequeno e desprotegido Portugal. Pressionado pela Inglaterra, sua tradicional aliada, dom João ainda relutava em ceder às exigências do imperador. Por essa razão, em novembro de 1807 tropas francesas marchavam em direção a Lisboa, prontas para dominar Portugal e destronar seu príncipe regente.

Encurralado entre as duas maiores potências econômicas e militares de sua época, dom João tinha pela frente duas alternativas amargas e excludentes. A primeira era ceder às pressões de Napoleão e aderir ao bloqueio continental. A segunda, aceitar

A queda da Bastilha (Revolução Francesa)

a oferta dos aliados ingleses e embarcar para o Brasil levando junto a família real, a maior parte da nobreza, seus tesouros e todo o aparato do Estado. Aparentemente, era uma oferta generosa. Na prática, tratava-se de uma chantagem. Se o príncipe regente aderisse a Napoleão, os ingleses não só bombardeariam Lisboa e sequestrariam a frota portuguesa como muito provavelmente tomariam suas colônias ultramarinas, das quais o país dependia para sobreviver. Com o apoio dos ingleses, o Brasil, a maior e mais rica dessas colônias, certamente declararia sua independência mais cedo do que se esperava, seguindo o exemplo dos Estados Unidos e dos territórios espanhóis vizinhos. E, sem o Brasil, Portugal não seria nada.

Uma terceira alternativa, que nem sequer foi considerada por dom João, seria a de permanecer em Portugal, enfrentar Napoleão e lutar ao lado dos ingleses na defesa do país, mesmo correndo o risco de perder o trono e a Coroa. Os fatos mostrariam mais tarde que as chances de sucesso nesse caso eram grandes, mas em 1807 essa opção não estava ao alcance do inseguro e medroso príncipe regente. Incapaz de resistir e enfrentar um inimigo que julgava muito mais poderoso, decidiu fugir.

OS REIS ENLOUQUECIDOS

O começo do século XIX foi um tempo de pesadelos e sobressaltos para reis e rainhas. Dois deles enlouqueceram. Na Inglaterra, o rei George III era visto de camisola nos corredores do palácio, com a cabeça envolvida numa fronha e um travesseiro nos braços enrolado na forma de um bebê recém-nascido, que afirmava ser um príncipe chamado Octavius. Em Portugal, a rainha Maria I era perseguida por demônios. Seus gritos de terror ecoavam nas madrugadas frias e enevoadas do Palácio de Queluz.

Rei George III

Há duas explicações para comportamentos tão bizarros. A primeira, mais óbvia, é a de que os dois soberanos sofriam de transtornos mentais cuja natureza até hoje médicos e cientistas tentam decifrar. A segunda explicação para a loucura dos reis é simbólica. Além de dementes e aliados políticos, George III e Maria I pertenciam a uma espécie que parecia condenada à extinção na Europa de 1807 — a dos reis com trono. Nunca, em toda a história da humanidade, as monarquias europeias tinham vivido tempos tão turbulentos e atormentados. Foi o período em que reis e rainhas eram perseguidos, destituídos, aprisionados, exilados, deportados ou mesmo executados em praça pública. Em resumo, era uma época em que os monarcas literalmente perdiam a cabeça.

Dona Maria I

Em 1807, Napoleão Bonaparte estava no auge do seu poder. Homem de ambição e vaidades desmedidas, inversamente proporcionais a sua baixa estatura, de 1,67 metro, Napoleão era um gênio militar por natureza. Nascera em 1769, filho de uma família da pequena nobreza da Córsega. Aos dezesseis anos, ainda jovem, já era tenente do Exército francês. Tinha só 24 anos quando foi promovido a general. Em 1804, se autoproclamou imperador da França, aos 35 anos. Mas para Napoleão não bastava governar a França. Seu plano era ser o imperador de toda a Europa. Na prática, esse título já lhe pertencia. Em 1808, com a virtual anexação da Espanha e de Portugal, ele dobrou o tamanho do território francês original. Seus domínios agora incluíam a Bélgica, a Holanda, a Alemanha e a Itália.

Ao longo de uma década, Napoleão travou inúmeras batalhas contra os mais poderosos exércitos da Europa sem conhecer nenhuma derrota. Reis, rainhas, príncipes, duques e nobres foram expulsos de seus tronos e substituídos por membros da própria família Bonaparte. O triunfo de Napoleão representava o fim de uma etapa na história europeia, conhecida como Velho Regime, em que reis dominaram os seus países com mão de ferro e poder absoluto.

Com a Revolução Francesa, em 1789, o povo, incitado pela burguesia, ocupou as ruas, destronou a realeza e implantou um regime que pregava justiça e a participação popular no governo sob o lema "Liberdade, Igualdade, Fraternidade". Em pouco tempo, a Revolução fugia do controle dos seus líderes e o terror se espalhava pela França. Em 1793, o rei Luís XVI e a rainha Maria Antonieta foram decapitados na guilhotina. O caos tomou conta do país. Em 1796, o jovem oficial Napoleão assumiu o comando do Exército com dois objetivos: botar ordem na casa e enfrentar a aliança das demais monarquias europeias em guerra com a França revolucionária.

O povo ocupa as ruas

A partir daí, uma inacreditável sequência de eventos alteraria radicalmente o mapa da Europa. Napoleão criou a mais poderosa máquina de guerra que o mundo conhecera até então. Os velhos e sólidos regimes monárquicos, que durante séculos mantiveram o poder relativamente estável, caíram um após o outro. As guerras napoleônicas, que durariam duas décadas, deixariam milhares de mortos espalhados pelos campos de batalha e mudariam os rumos da história do mundo.

No auge do seu poder, Napoleão despertava medo e admiração

tanto nos seus inimigos quanto nos seus admiradores. Lorde Wellington, que em 1815 o derrotou definitivamente em Waterloo, dizia que, no campo de batalha, Napoleão sozinho valia por 50 mil soldados. O escritor François René de Chateaubriand, que era seu adversário, o definiu como "o mais poderoso sopro de vida humana que já tinha passado pela face da Terra".

Foi este homem que o indeciso e medroso dom João, príncipe regente de Portugal, teve de enfrentar em 1807.

A guilhotina, o rei Luís XVI e a rainha Maria Antonieta

PLANEJANDO A FUGA

A invasão iminente de Portugal pelas tropas de Napoleão Bonaparte obrigou o príncipe regente dom João a optar pela fuga, mas os planos de mudança para o Brasil eram uma ideia quase tão antiga quanto o próprio Império português. Ressurgia sempre que a independência do país estava ameaçada pelos vizinhos e tinha uma forte razão geopolítica. Apesar de ter inaugurado a era das grandes descobertas e navegações marítimas, em 1807 Portugal não passava de um país pequeno e sem recursos.

Espremido pelos interesses de seus vizinhos mais poderosos e constantemente ameaçado por eles, não tinha braços nem exércitos para se defender na Europa e muito menos para colonizar e proteger seus territórios além-mar. A fuga para o Brasil, onde haveria mais riquezas naturais, mão de obra e, em especial, maiores chances de defesa contra os invasores do reino, foi, portanto, uma opção natural e bem avaliada.

Os meses que antecederam a partida foram tensos e agitados. No dia 19 de agosto de 1807, o Conselho de Estado se reuniu no Palácio de Mafra para discutir a crise política. Composto pelos nove auxiliares mais próximos do príncipe regente, o conselho era o mais importante órgão de assessoria da monarquia. Dom João leu os termos da intimação de Bonaparte: Portugal deveria aderir ao bloqueio continental, declarar guerra à Inglaterra, retirar seu embaixador de Londres, expulsar o embaixador inglês de Lisboa e fechar os portos portugueses aos navios britânicos. Por fim, teria que prender todos os ingleses em Portugal e confiscar suas propriedades. Amedrontado, o conselho aprovou imediatamente as condições impostas por Napoleão, com duas ressalvas: os ingleses não seriam presos nem expulsos, nem suas propriedades seriam confiscadas. Uma segunda reunião foi realizada, também no Palácio de Mafra, no dia 26 de agosto, na qual os termos da resposta a Napoleão foram aprovados e a correspondência imediatamente despachada para Paris.

Era tudo um jogo de faz de conta, uma partida perigosa na qual Portugal tentava blefar simultaneamente com Napoleão e com a Inglaterra. Enquanto fingia aceitar o ulti-

Planos de mudança da corte

mato da França, negociava com a Inglaterra uma solução diferente para o impasse.

ENROLANDO NAPOLEÃO

Espremido entre as duas potências rivais, Portugal tinha a seu favor a precariedade das comunicações e dos transportes. Em 1807, o envio de uma carta de Lisboa para Paris demorava cerca de duas semanas. Os correios viajavam por estradas de terra esburacadas, que ficavam praticamente intransitáveis em dias de chuva. Para ir e voltar gastava-se um mês ou até mais. De Lisboa a Londres, por mar, levava-se pelo menos sete dias. A lentidão permitia aos portugueses ganhar tempo enquanto tentavam, com a Inglaterra e com a França, uma saída mais honrosa ou aceitável para o seu frágil reino colonial. Ao receber os termos da contraproposta portuguesa, Napoleão reagiu como se previa: mandou avisar que, se dom João não concordasse com suas exigências, Portugal seria invadido e a dinastia de Bragança, sobrenome da família real portuguesa, seria destronada.

No dia 30 de setembro, reunido no Palácio da Ajuda, em Lisboa, o Conselho de Estado finalmente recomendou que o príncipe regente preparasse seus navios para partir. Em meados de outubro, a decisão de transferir a corte para o Brasil já estava tomada de forma definitiva. Por intermédio de seu embaixador em Londres, dom João tinha assinado um acordo secreto com a Inglaterra pelo qual, em troca da proteção naval durante a viagem para o Rio de Janeiro, abriria os portos do Brasil ao comércio com as nações estrangeiras. Até então, só navios portugueses tinham autorização para comprar ou vender mercadorias na colônia.

Enquanto fechava acordos secretos com a aliada Inglaterra, dom João persistia naquele seu jogo de faz de conta com os franceses. Chegou a anunciar a proibição de entrada de navios britâ-

Dom João entre
França e Inglaterra

nicos nos portos portugueses, a prisão e o confisco de todos os bens de cidadãos britânicos residentes em Lisboa. Ao mesmo tempo, enviou um embaixador a Paris, o marquês de Marialva, prometendo total capitulação aos franceses. Marialva teve seu passaporte confiscado, mas, ao agir dessa forma, dom João conseguiu enganar Napoleão, fazendo-o crer, até às vésperas da partida, que Portugal se sujeitaria às suas ordens.

No dia 1º de novembro o correio de Paris chegou a Lisboa com mais um recado assustador de Napoleão: "Se Portugal não fizer o que quero, a Casa de Bragança não reinará mais na Europa dentro de dois meses". A essa altura o Exército francês já estava cruzando os Pirineus, a cadeia montanhosa na fronteira da

França com a Espanha, em direção a Portugal. No dia 5 de novembro, o governo português ordenou finalmente a prisão dos ingleses residentes em Lisboa e o sequestro de seus bens. Como parte da política de fingimento, o próprio conde da Barca, líder do “partido francês” na corte portuguesa, propunha o sequestro dos bens ingleses em Portugal, mas às escondidas negociava com os britânicos a indenização das eventuais vítimas.

ENTREGANDO PORTUGAL

No dia 16 de novembro, a esquadra inglesa apareceu na foz do rio Tejo, em território português, com uma força de 7 mil homens. Seu comandante, o almirante sir Sidney Smith, tinha duas ordens, aparentemente contraditórias. A primeira, e prioritária, era proteger o embarque da família real portuguesa e escoltá-la até o Brasil. A segunda, caso a primeira não acontecesse, era bombardear Lisboa.

Obviamente, era um jogo de cartas marcadas, em que nenhum dos lados tinha qualquer ilusão a respeito do desfecho. Convencidos de que Portugal se alinharia à Inglaterra, os governos da França e da Espanha já haviam dividido entre si o território português. Pelo tratado de Fontainebleau, assinado pelos dois aliados em 27 de outubro de 1807, Portugal seria retalhado em três partes: a região norte, composta pelas províncias de Entre-Douro e Minho e batizada, pelo tratado, de Lusitânia Setentrional, caberia à rainha regente da Etrúria, Maria Luiza de Bourbon, da dinastia espanhola; Alentejo e Algarve, na região sul, passariam para dom Manoel de Godoy, o mais poderoso ministro espanhol, também chamado de Príncipe da Paz; à França caberia a parte central e mais rica do país, composta por Beira, Tras-os-Montes e Estremadura.

Portugal foi invadido por 50 mil soldados franceses e espanhóis. Se quisesse, dom João poderia ter resistido, com boas chances de vencer. Os soldados enviados por Napoleão eram, em sua maioria, novatos ou pertencentes a legiões estrangeiras que não tinham nenhum interesse em defender as ambições do imperador francês. Devido à falta de planejamento e à pressa com que a invasão foi decidida, ao chegar à fronteira de Portugal as suas tropas eram uma legião maltrapilha e faminta. Dos 25 mil soldados que deixaram a França, setecentos já tinham morrido

Napoleão Bonaparte

sem entrar em combate. Um quarto da infantaria tinha desaparecido porque, no desespero para encontrar comida, os soldados haviam se afastado da coluna principal e se perdido. Ao chegar às portas de Lisboa, os franceses estavam tão fracos que não conseguiam se manter de pé. Muitos obrigavam os portugueses a carregar suas armas.

"Não há exemplo na história de um reino conquistado em tão poucos dias e sem grande resistência como Portugal em 1807", escreveu sir Charles Oman, professor da Universidade de Oxford e autor do livro *A History of the Peninsular War*, a mais importante obra sobre a campanha de Napoleão na península Ibérica. "É surpreendente que uma nação, habituada desde os tempos mais remotos a se defender repetidas vezes com sucesso de inimigos muito mais fortes, dessa vez tivesse se rendido sem disparar um único tiro. Era um testemunho não apenas da fraqueza do governo português, mas também do poder que o nome de Napoleão inspirava nessa época."

UM IMPÉRIO DECADENTE E INDEFESO

Em 1807, três séculos depois de ter inaugurado a era das grandes navegações e descobertas, Portugal nem de longe lembrava a metrópole vibrante dos tempos de Vasco da Gama e Pedro Álvares Cabral. Os sinais de decadência estavam por todo lado. Lisboa, a capital do império, havia muito tinha sido ultrapassada por suas vizinhas europeias como centro irradiador de ideias e inovações. Os tempos de glória pareciam ter ficado para trás.

O que tinha acontecido com Portugal? Havia duas explicações. A primeira era demográfica e econômica. Com uma população relativamente pequena, de 3 milhões de habitantes, Portugal não tinha gente nem recursos para proteger, manter e desenvolver seu imenso Império colonial. Dependia de escravos em quantidade cada vez maiores para as explorações de suas minas de ouro e diamante e suas lavouras de cana-de-açúcar, algodão, café e tabaco.

Com uma economia basicamente extrativista e mercantil, o Império enfrentava escassez de capital. Embora os navios continuassem a chegar de todas as partes do mundo, a metrópole portuguesa era uma terra relativamente pobre porque a riqueza não parava ali. Lisboa funcionava apenas como um entreposto comercial. De lá, o ouro, a madeira e os produtos agrícolas do Brasil seguiam direto para a Inglaterra, principal parceira comercial de Portugal. Os diamantes tinham como destino Amsterdã e Antuérpia, nos Países Baixos, o principal centro de lapidação daquele tempo.

Soberano dos mares dois séculos antes, Portugal já não tinha condições de se defender sozinho. Sua outrora poderosa marinha de guerra estava reduzida a trinta navios, dos quais seis ou sete eram imprestáveis — uma frota insignificante, comparada com a da Marinha britânica, que nessa época dominava os oceanos com 880 navios de combate.

A segunda explicação para a decadência era política e religiosa. De todas as nações da Europa, Portugal continuaria sendo, no começo do século XIX, a mais católica, a mais conservadora e a mais avessa às ideias libertárias que produziam revoluções e transformações em outros países. A força da Igreja era enorme. Por três séculos, a Igreja havia mantido submissos o povo, seus nobres e reis. Por escrúpulos religiosos, a ciência e a medicina eram atrasadas ou pouco conhecidas. Dom José, herdeiro do trono e irmão mais velho do príncipe regente, dom João, havia morrido de varíola porque sua mãe, dona Maria I, tinha proibido os médicos de lhe aplicar vacina. A rainha achava que a decisão entre a vida e a morte estava nas mãos de Deus.

A vida social pautava-se pelas missas, procissões e outras cerimônias religiosas. O comportamento individual e coletivo era determinado e vigiado pela Igreja católica. Portugal foi o último país europeu a abolir os autos da Inquisição, nos quais as pessoas que ousassem criticar ou se opor à doutrina da Igreja eram julgadas e condenadas à morte na fogueira.

A riqueza de Portugal era resultado do dinheiro fácil, como os ganhos de herança, cassinos e loterias. Numa época em que a Revolução Industrial britânica começava a redefinir as relações econômicas e o futuro das nações, os portugueses ainda estavam presos ao sistema extrativista e mercantilista. Baseava-se na exploração pura e simples das colônias, sem investir em infraestrutura, educação ou melhoria de qualquer espécie. A dependência da economia extrativista fez com que a manufatura nunca se desenvolvesse em Portugal. Tudo era comprado de fora.

SURTO DE MODERNIDADE

Em 1755, uma catástrofe natural agravou a decadência econômica e ajudou a reduzir ainda mais a autoestima portuguesa. Na manhã de 1º de novembro, dia de Todos-os-Santos, um terremoto devastador atingiu Lisboa, matando entre 10 mil e 30 mil pessoas. Igrejas, casas, palácios reais, mercados, edifícios públicos e teatros — tudo foi reduzido a pó e cinzas. Só 3 mil das 20 mil casas continuaram habitáveis.

Curiosamente, a tragédia resultou no único e breve surto de modernidade em terras portuguesas. Foi o governo de Sebastião José de Carvalho e Melo, o marquês

Marquês de Pombal

de Pombal. Ministro todo-poderoso do rei dom José I desde julho de 1750, Pombal recebeu a missão de reconstruir Lisboa. Sobre as ruínas do terremoto, seu governo redesenhou a cidade, com passeios e avenidas largas, praças, chafarizes e prédios novos. Além de reconstruir a capital, Pombal acabou por reformar o próprio Império. Subjugou a nobreza e reduziu drasticamente o poder da Igreja. Foi o responsável pela expulsão dos jesuítas de Portugal e de suas colônias. Também reorganizou o ensino, até então controlado pela Igreja.

Em 1777, com a morte de dom José I, sua filha dona Maria I, a primeira mulher a ocupar o trono na história de Portugal, traria de volta ao poder a parte mais conservadora, piedosa e atrasada da nobreza. O marquês caiu no ostracismo e foi afastado da corte. Com a queda de Pombal e seu espírito reformador, Portugal se via novamente prisioneiro de seu próprio destino: o de um país pequeno, rural e atrasado, incapaz de romper com os vícios e tradições que o prendiam ao passado, dependente de mão de obra escrava, intoxicado pela riqueza fácil e sem futuro da produção extrativista de suas colônias. Estava igualmente reduzido à condição de peça menor no grande tabuleiro de interesses das potências europeias.

Constantemente ameaçado pelos vizinhos Espanha e França, Portugal provavelmente teria deixado de existir muitos séculos

Afonso Henriques de Borgonha,
primeiro rei de Portugal

atrás, não fosse a aliança histórica com a Inglaterra. Foram os cruzados ingleses que, em 1147, a caminho da Terra Santa, ajudaram o jovem Afonso Henriques de Borgonha, o primeiro rei de Portugal, a expulsar os mouros e conquistar o porto situado nas proximidades da foz do rio Tejo, onde hoje fica a cidade de Lisboa. Era uma parceria de benefícios mútuos, da qual a Inglaterra também se valeu em momentos de necessidade. Foi com a ajuda de Portugal que os ingleses conquistaram da Espanha, em 1704, o rochedo de Gibraltar, cuja posição estratégica, na entrada do Mediterrâneo, seria decisiva em todos os grandes conflitos em que o país se envolveu nos últimos três séculos.

Foi a essa antiga aliança que o príncipe regente dom João recorreu em 1807, quando, uma vez mais, o futuro do pequeno e frágil Portugal se viu ameaçado pelas tropas de Napoleão Bonaparte.

A PARTIDA

O dia 29 de novembro de 1807 amanheceu ensolarado em Lisboa. Uma brisa leve soprava do leste. Apesar do céu azul, as ruas ainda estavam tomadas pelo lamaçal, devido à chuva do dia anterior. Nas imediações do porto, havia confusão por todo lado. Um espetáculo inédito na história de Portugal se desenrolava sobre as águas calmas do rio Tejo: a rainha, seus príncipes, princesas e toda a nobreza abandonavam o país para ir viver do outro lado do mundo. Incrédulo, o povo se aglomerava na beira do cais para assistir à partida. Às sete horas da manhã, a nau *Príncipe Real* inflou as velas e começou a deslizar em direção ao Atlântico. Levava a bordo o príncipe regente, dom João, sua mãe, a rainha louca dona Maria I, e os dois herdeiros do trono, os príncipes dom Pedro e dom Miguel. O restante da família real estava distribuído em outros três navios. O *Alfonso de Albuquerque* transportava a princesa Carlota Joaquina, mulher do príncipe

Ingleses conquistam o rochedo de Gibraltar

Embarque da família real

regente, e quatro das suas seis filhas. As duas filhas do meio — Maria Francisca e Isabel Maria — viajavam no *Rainha de Portugal*. A tia e a cunhada de dom João seguiam no *Príncipe do Brasil*. Mais quatro dezenas de barcos seguiam atrás da esquadra real.

Era uma cena impressionante, mas nem de longe lembrava os tempos heroicos, quando a esquadra de Vasco da Gama partiu do mesmo cais, singrando as águas do mesmo rio para navegar mares desconhecidos e descobrir terras distantes. Em 1807, o espírito de aventura dera lugar ao medo. Em vez de empreender e conquistar, a elite portuguesa fugia sem ao menos tentar resistir aos invasores franceses.

Entre 10 mil e 15 mil pessoas acompanharam o príncipe regente na viagem ao Brasil. Era muita gente, levando-se em conta que a capital Lisboa tinha cerca de 200 mil habitantes. O grupo incluía pessoas da nobreza, conselheiros reais e militares, juízes, advogados, comerciantes e suas famílias. Também viajavam médicos, bispos, padres, damas de companhia, camareiros, pajens, cozinheiros e cavalariços.

Distúrbios em Lisboa

No começo do século XIX, viagens marítimas eram uma aventura arriscada. Exigiam preparação cuidadosa e demorada. De Lisboa ao Rio de Janeiro levava-se dois meses e meio, ao sabor de tempestades, calmarias e ataques de surpresa dos corsários que infestavam o Atlântico. As doenças, os naufrágios e a pirataria cobravam um alto preço dos poucos passageiros que se arriscavam a ir tão longe. Os perigos eram tantos que a Marinha britânica, então a mais experiente, organizada e bem equipada força naval do mundo, considerava aceitável a média de uma morte para cada trinta tripulantes nas viagens de longo percurso.

Todos esses riscos eram bem conhecidos em Portugal desde os tempos gloriosos dos descobrimentos, mas em 1807 ninguém teve tempo para preparar e organizar coisa alguma. Embora o plano de fuga para o Brasil fosse antigo, a viagem foi decidida às pressas e executada de forma improvisada.

“VÃO PENSAR QUE ESTAMOS FUGINDO!”

Desolação e tristeza após a partida do rei

A partida estava marcada para a tarde de 27 de novembro. Havia pouco tempo para os preparativos. Ventos contrários e chuva forte, porém, acabaram adiando a saída para a manhã do dia 29. Ainda assim, a correria e a improvisação foram inevitáveis.

Os palácios reais de Mafra e Queluz foram evacuados às pressas. Camareiras e pajens vararam noites trabalhando sem parar na retirada de tapetes, quadros e ornamentos das paredes. Centenas de bagagens contendo roupas, louças, faqueiros, joias e objetos pessoais eram despachadas para as docas. No total, a caravana tinha mais de setecentas carroças. A prata das igrejas e os 60 mil volumes da Biblioteca Real foram embalados e acomodados em catorze carros puxados por mulas de carga. Em caixotes, o ouro, os diamantes e o dinheiro do Tesouro Real foram enviados para o cais sob escolta.

A carruagem da princesa Carlota Joaquina chegou ao porto pouco depois do príncipe regente. Em carruagens separadas veio o restante da família. Em seguida apareceu a rainha Maria I, de 73 anos. Para o povo português aglomerado no cais para assistir à partida, a presença da rainha era uma grande novidade. Devido aos seus acessos de loucura, fazia dezesseis anos que dona Maria I vivia reclusa no Palácio de Queluz. Enquanto seu coche se aproximava do porto em disparada, ela teria gritado ao cocheiro: “Não corram tanto. Vão pensar que estamos fugindo!”.

Ao chegar ao cais, ela teria se recusado a descer da carruagem, obrigando o capitão da frota real a carregá-la no colo até o navio.

Durante três dias, o povo de Lisboa observou o movimento de cavalos, carruagens e funcionários do governo nas imediações do porto, sem entender o que se passava. A explicação oficial era que a frota portuguesa estava sendo reparada. Os mais ricos e bem informados, no entanto, sabiam perfeitamente o que estava acontecendo.

Quando, finalmente, a notícia da partida se espalhou, o povo reagiu de forma indignada. Nas ruas, havia choro e demonstrações de desespero e revolta. “A capital encontrava-se num estado de tristeza tão sombria que era terrível em excesso para ser descrito”, relatou lorde Strangford, o enviado britânico a Lisboa, encarregado de negociar a transferência da família real para o Brasil.

Em meio à confusão, um menino nobre de apenas cinco anos assistia a tudo com espanto. Era José Trazimundo, futuro marquês de Fronteira. Estava em companhia do tio, o conde de Ega, que, à última hora, embarcava a família num dos navios da frota portuguesa. Trazimundo não conseguiu atravessar a multidão para se despedir dos parentes que partiam para o Brasil. Ao chegar ao cais, os navios já haviam zarpado. Muito depois, Trazimundo registraria suas lembranças daquele dia: “Nunca me esquecerei das lágrimas que vi derramar, tanto ao povo como

aos criados da Casa Real, e aos soldados que estavam no largo de Belém". Após a partida da corte, o restante da família de Trazimundo se refugiou na casa do conde da Ribeira, à espera da chegada das tropas francesas.

José Trazimundo

Como fazer um discurso de despedida era impossível nas circunstâncias, dom João mandou afixar nas ruas de Lisboa um decreto no qual explicava as razões da partida. Dizia que as tropas francesas estavam a caminho de Lisboa e que resistir a elas seria derramar sangue inutilmente. Acrescentava que, apesar de todos os esforços, não tinha conseguido preservar a paz para os seus amados súditos. Por isso, estava se mudando para o Rio de Janeiro até que a situação se acalmasse. Também deixou por escrito instruções para que os portugueses cooperassem com os invasores.

SAQUE REAL

Antes de embarcar, dom João teve o cuidado de raspar os cofres do governo — providência que repetiria treze anos mais tarde ao deixar o Rio de Janeiro na viagem de volta a Lisboa. Em 1807, embarcaram com o Tesouro Real cerca de 80 milhões de cruzados. Representavam metade das moedas em circulação em Portugal, além de uma grande quantidade de diamantes extraídos em Minas Gerais que, inesperadamente, retornavam ao Brasil. A bagagem real incluía também todos os arquivos da Monarquia portuguesa. Uma nova impressora, que tinha sido recentemente comprada em Londres, também foi embarcada a bordo da nau *Medusa* como chegara da Inglaterra, sem sair da caixa. Neste caso, era uma carga irônica: para evitar a propagação de ideias consideradas revolucionárias na colônia, o governo português havia proibido expressamente a existência de impressoras no Brasil. Para escapar da censura, o *Correio Braziliense*, primeiro jornal brasileiro criado pelo jornalista Hipólito José da Costa, em 1808, era impresso e distribuído em Londres.

Depois de soprar forte do mar para o continente durante dois dias, na manhã de 29 de novembro o vento mudou de direção. A chuva parou e o sol apareceu. Às sete horas foi dada a ordem de partida. Lorde Strangford recolheu-se a bordo da nau *Hibernia*, de onde escreveu a seguinte mensagem para lorde Canning, o ministro britânico das Relações Exteriores: "Tenho a honra de comunicar que o príncipe regente de Portugal decidiu-se pelo nobre e magnânimo plano de retirar-se de um reino em que não mais pode manter-se a não ser como vassalo da França; e que sua alteza real e a família, acompanhados pela maior parte dos navios de guerra e por multidão de fiéis defensores e súditos solidários, partiram hoje de Lisboa, estando agora em viagem para o Brasil sob a guarda da armada inglesa".

Por volta das três horas da tarde, o menino José Trazimundo estava jantando em companhia dos parentes quando ouviu o troar distante dos canhões. Era a esquadra inglesa do almirante Sidney Smith saudando, com uma salva de 21 tiros, o pavilhão real da nau que conduzia o príncipe regente, que naquele momento deixava a barra do rio Tejo para entrar no oceano Atlântico. Os navios portugueses ainda estavam à vista no horizonte quando as tropas francesas começaram a entrar em Lisboa.

Naquela manhã luminosa de novembro de 1807, espalhadas pelo cais do porto de Lisboa, ficaram centenas de bagagens, esquecidas no tumulto da partida. Entre elas estavam os caixotes com a prataria das igrejas e os livros da Biblioteca Real. A prata seria confiscada e derretida pelos invasores franceses. Os livros só chegariam ao Brasil mais tarde, em três viagens consecutivas: a primeira em 1810 e as outras duas em 1811.

Abandonado à própria sorte, Portugal viveria os piores anos de sua história. Nos sete anos seguintes, mais de meio milhão de portugueses fugiram do país, pereceram de fome ou tombaram nos campos de batalha numa sequência de confrontos que se tornaria conhecida como a Guerra Peninsular.

CAPÍTULO 2

A turbulenta viagem e a chegada ao Brasil

A VIAGEM

DESENHADOS PARA IMPEDIR A infiltração da água do mar e sobreviver às violentas tempestades oceânicas, os navios portugueses eram, duzentos anos atrás, cápsulas de madeira hermeticamente lacradas. Providos de pequenas escotilhas, que permaneciam fechadas a maior parte do tempo, os ambientes internos ficavam asfixiantes, sem ventilação. Não havia água corrente nem banheiros. Para fazer as necessidades fisiológicas usavam-se as cloacas, plataformas presas à proa, suspensas sobre a amurada dos navios, por onde os dejetos eram lançados ao mar.

A dieta de bordo era composta de biscoitos, lentilha, azeite, repolho azedo e carne salgada de porco ou bacalhau. No calor sufocante das zonas tropicais, ratos, baratas e carunchos infestavam os depósitos de mantimentos. A água apodrecia logo, contaminada por bactérias e fungos. Por falta de frutas e alimentos frescos, uma das maiores ameaças nas longas travessias era o escorbuto, doença fatal provocada pela deficiência de vitamina C. Enfraquecida, a vítima queimava de febre e sofria dores insuportáveis. A gengiva necrosava. Os dentes caíam ao simples toque. Nas regiões tropicais, outras ameaças eram a disenteria e o tifo, causados pela falta de higiene e pela contaminação da água e dos alimentos.

Em 1807, a esquadra portuguesa levou quase dois meses para atravessar o oceano Atlântico. Os relatos sobre a viagem são incompletos e confusos, mas sabe-se que foi uma aventura repleta de aflições e sofrimentos. Antigas e mal equipadas, as naus e fragatas portuguesas viajavam apinhadas de gente. Na nau capitânia *Príncipe Real*, que levava dom João e a rainha Maria I, iam 1.054 pessoas. Pode-se imaginar a balbúrdia. Com 67 metros de comprimento, 16,5 de largura, três conveses para as baterias de tiro dos seus 84 canhões e um porão de carga, o navio não tinha espaço

Nau britânica

para tanta gente. Muitos passageiros e tripulantes dormiam ao relento, no tombadilho.

Nos primeiros dias de viagem, enquanto ainda estavam no hemisfério norte, ondas fortes despejavam água gelada sobre o convés superlotado, onde os marinheiros trabalhavam em meio ao nevoeiro e às rajadas de vento frio. Com vazamentos no casco, os barcos faziam água copiosamente. Muitos tinham as velas e cordas apodrecidas. O madeirame gemia sob o impacto das ondas e do vento, espalhando o pânico entre os passageiros não habituados às agruras do oceano. Náuseas coletivas tomaram conta de todos. Depois de algumas semanas, já na altura da linha do Equador, o frio do inverno europeu deu lugar ao calor insuportável, agravado pela ausência de ventos numa região do Atlântico famosa pelas calmarias. O excesso de passageiros e a falta de higiene favoreceram a proliferação de pragas. No navio em que viajava a princesa Carlota Joaquina, uma infestação de piolhos obrigou as mulheres a raspar os cabelos e a lançar suas perucas ao mar. As cabeças carecas foram untadas com banha de porco e pulverizadas com pó antisséptico.

Logo no início da viagem, passageiros e tripulantes foram surpreendidos por uma abrupta mudança climática. O vento, que até então impelia os navios para o oceano, inverteu a direção e come-

Navio infestado de piolhos

çou a soprar forte de través, ou seja, no sentido perpendicular das embarcações e contrário ao rumo planejado. À noite, já tinha a força de uma tempestade. Em alguns momentos, ameaçava empurrar toda a frota de volta para a costa portuguesa, já ocupada pelas tropas francesas. Depois de alguns momentos de angústia e tensão, os comandantes decidiram aproveitar a força da ventania e navegar na direção noroeste, como se estivessem indo para o Canadá, em vez do Brasil. Isso manteria os navios em alto-mar, evitando que fossem arrastados novamente para o litoral. Só no quarto dia, quando haviam percorrido mais de 160 milhas náuticas, ou cerca de trezentos quilômetros, eles puderam, finalmente, corrigir as velas e rumar para sudoeste, na direção do Brasil.

No dia 8 de dezembro, ao se aproximar do arquipélago da Madeira, um denso nevoeiro cobriu tudo. Ao anoitecer, uma violenta tempestade começou a castigar os navios outra vez. Ventos fortíssimos vergastavam as velas apodrecidas, enquanto os marinheiros tentavam desesperadamente mantê-las presas aos mastros. Na manhã seguinte uma parte dos navios havia desaparecido. A esquadra tinha sido dispersada pelos ventos durante a noite sem que os marinheiros percebessem. A tempestade continuou por dois dias.

Ao se aproximar da linha do Equador, os navios da esquadra real que se dirigiam a Salvador entraram numa zona de calmaria. Por falta de ventos, as naus de dom João e Carlota Joaquina levaram dez dias para percorrer somente trinta léguas, distância que, em situação normal, seria vencida em dez horas. Imagine-se o tormento das centenas de passageiros que apinhavam o convés dos navios: dez dias sob o sol equatorial, onde as temperaturas em dezembro chegam a 35 graus Celsius, sem o sopro de uma mísera brisa para aliviar-lhes o sofrimento.

No dia 22 de janeiro, após 54 dias de mar e aproximadamente 6.400 quilômetros percorridos, dom João aportou em Sal-

Dom João decide
fazer escala na Bahia

vador. O restante do comboio tinha chegado ao Rio de Janeiro uma semana antes, no dia 17 de janeiro. A mesma Bahia que trezentos anos antes tinha visto a chegada da esquadra de Cabral agora testemunhava um acontecimento que haveria de mudar para sempre, e de forma profunda, a vida dos brasileiros. Com a chegada da corte à baía de Todos-os-Santos começava o último ato do Brasil Colônia e o primeiro do Brasil independente.

A CHEGADA

A escala de dom João em Salvador, em 1808, é um episódio mal explicado na história da mudança da família real portuguesa para o Brasil. Pelo plano original da viagem, traçado em Lisboa no dia da partida, toda a esquadra navegaria sempre na direção sudoeste, rumo ao Rio de Janeiro. Em caso de imprevisto, o ponto de reencontro combinado era a ilha de Santiago, no arquipélago de Cabo Verde, parte do Império colonial português, na costa da África. Ali, os navios eventualmente avariados poderiam ser consertados e reabastecidos, para depois seguir a rota previamente combinada. Dom João mudou esses planos de forma repentina na quinta semana de viagem. Por que fazer uma escala imprevista em Salvador, correndo riscos desnecessários, quando seria mais fácil e prudente manter o plano original e navegar direto para o Rio de Janeiro?

Até recentemente, a hipótese mais aceita nos livros de história estava associada à tempestade que dispersou a esquadra entre os dias 8 e 10 de dezembro, na altura do arquipélago da Madeira. Em meio à tormenta, os navios teriam se perdido uns dos outros. Uma parte do comboio, incluindo as naus em que viajavam a rainha dona Maria I, o príncipe regente dom João e a princesa Carlota Joaquina, teria ficado à deriva e seguido na direção noroeste, enquanto o restante da frota continuou na rota original, primeiro rumo a Cabo Verde e, depois, ao Rio de Janeiro. Ao descobrir que estava nas imediações do litoral baiano, dom João teria ordenado que os navios atracassem em Salvador. Por essa explicação, teria aportado na Bahia quase por acaso.

Essa visão equivocada começou a cair graças às descobertas do historiador Kenneth Light. Pesquisador meticuloso, Light mergulhou nos arquivos da Marinha britânica, onde estão guardados os diários de bordo de cada um de seus navios e as cartas e relatórios que os respectivos comandantes enviaram para a sede do almirantado, em Londres, ao final da jornada. Da análise desses documentos, ele concluiu que dom João foi à Bahia de forma deliberada e não forçado por um acidente meteorológico em alto-mar. Segundo a pesquisa de Light, no dia 21 de dezembro de 1807 o príncipe regente comunicou ao capitão James Walker, comandante do *Bedford*, que havia decidido ir para Salvador, sem cumprir a

A família real chega em Salvador

rota planejada. Isso aconteceu onze dias depois da tempestade. Nessa mesma ocasião, a fragata *Minerva* foi despachada para Santiago, em Cabo Verde, onde encontrou os navios restantes e comunicou a mudança de planos de dom João. É mais uma prova de que os comandantes portugueses e ingleses não estavam perdidos e conheciam a localização dos seus navios e do restante da frota.

Se a escala baiana não foi acidental, que razões teriam levado dom João a Salvador? É que, do ponto de vista estratégico, a escala na Bahia era muito oportuna. Duzentos anos atrás a unidade política e administrativa da colônia brasileira era bem precária. Dom João precisava, mais do que nunca, de um Brasil unido em torno da Coroa portuguesa. O sucesso dos seus planos em 1808 dependia do apoio financeiro e político de todas as províncias. Primeira capital da colônia, Salvador tinha perdido essa condição havia quase meio século, em 1763, mas ainda era um centro importante do comércio e das decisões da colônia. Seus moradores se ressentiam profundamente da mudança da capital para o Rio de Janeiro.

Uma visita a Salvador era, portanto, providencial. Seria uma forma inteligente de assegurar a fidelidade dos baianos e das províncias do norte e do nordeste num momento de grande dificuldade. Dom João não só fez isso como mais tarde, já no Rio de Janeiro, nomeou como governador da Bahia ninguém menos que o conde dos Arcos, até então

Conde dos Arcos

vice-rei do Brasil. Foi também em Salvador que dom João anunciou a mais importante de todas as medidas que tomaria nos seus treze anos de Brasil: a abertura dos portos. Era mais uma demonstração do quanto a Bahia era importante no tabuleiro político que a Monarquia estava montando na sua fase americana.

Essa nova hipótese, de que a escala baiana foi planejada, e não fruto de um acaso de percurso, muda sensivelmente as interpretações feitas até hoje sobre a vinda da corte para o Brasil, a começar pela imagem do próprio príncipe regente. Restam poucas dúvidas de que dom João foi medroso e indeciso em Portugal, preferindo fugir a enfrentar as tropas francesas que invadiam Portugal, embora essa lhe parecesse a decisão mais sensata diante da força de Napoleão. Ao chegar ao Brasil, no entanto, suas providências ganham um caráter mais resoluto e perspicaz. Uma escala na Bahia seria uma hábil manobra política, que muito viria a calhar num momento em que a enfraquecida e depauperada corte portuguesa precisava de todo o apoio. E foi exatamente isso que aconteceu.

O primeiro contato de dom João com seus súditos da colônia brasileira aconteceu na forma de uma pequena epopeia marítima. Quando teve notícia da viagem da família real, o governador de Pernambuco, Caetano Pinto de Mendonça Montenegro, despachou para o mar o bergantim *Três Corações* — um pequeno barco com dois mastros de vela que, na ausência de ventos, podia também ser impulsionado a remo. Com uma carga de caju, pitanga, outras frutas e refrescos, tinha a missão de tentar localizar a nau de dom João na altura em que se calculava estar a esquadra portuguesa. O mais surpreendente é que navegando às cegas, três dias depois de deixar o porto do Recife, o bergantim conseguiu, efetivamente, encontrar os navios portugueses, no que pode ser considerado um dos feitos mais extraordinários da viagem da família real ao Brasil. Imagine se um pequeno barco, com menos de dez metros de comprimento, numa época em que

não havia comunicação por rádio, GPS ou telefone celular por satélite, encontrar uma nau portuguesa em alto-mar sem ter informações precisas sobre sua localização.

Para os passageiros e tripulantes da esquadra de dom João foi um alento. Depois de quase dois meses no oceano, submetidos a uma dieta de carne salgada, biscoito seco, vinho avinagrado e água insalubre, finalmente puderam provar refrescos e alimentos saudáveis. Eram espécies tropicais, de aspecto, consistência e sabor como jamais tinham experimentado em Portugal. E foi assim, na forma dos frutos de sua pródiga e exuberante natureza, que o Brasil se apresentou a dom João e sua corte refugiada dos tormentos da guerra na Europa.

Mas a sensação de alívio foi substituída pela incerteza logo na chegada a Salvador. Às onze horas da manhã de 22 de janeiro de 1808, os navios ancoraram dentro da barra, perto do ponto em que hoje estão situados o Mercado Modelo e o Elevador Lacerda, mas ninguém apareceu. Era como se a Bahia simplesmente não tivesse se dado conta da chegada da família real. Para os passageiros e tripulantes foi uma grande surpresa. As notícias da viagem já haviam chegado ao Brasil havia quase duas semanas, trazidas por fontes diferentes.

Nessa época, o litoral brasileiro dispunha de uma precária rede de comunicações baseada nos fortes, vilas e faróis costeiros, usada para transmitir informações urgentes e muito importantes. Era parte do sistema de defesa da colônia, que permitia aos governadores e capitães-gerais das diversas províncias alertar seus vizinhos sobre ataques de piratas, tentativas de invasões, rebeliões ou qualquer outra ameaça aos territórios dominados pelos portugueses. O problema é que, por esse modo de comunicação boca a boca, as informações viajavam lentamente. Por isso, embora as autoridades de Salvador já soubessem que a corte estava a caminho do Brasil, a cidade jamais teria tido tempo de preparar uma grande recepção.

Dom João desembarcou na manhã do dia 23. Ao contrário do dia anterior, dessa vez a multidão congestionava o cais da Ribeira. Salvas de canhões disparadas das fortalezas e gritos de saudação aos ilustres visitantes se misturavam ao badalar incessante dos sinos das inúmeras igrejas da capital baiana. Ao chegar a terra firme, a família real seguiu de carruagens pela rua da Preguiça e pela ladeira da Gameleira, até o largo do Teatro (atual praça Castro Alves). Ali, dom João e comitiva foram recebidos pelos represen-

tantes da Câmara Municipal, que os convidaram a seguir até a igreja da Sé, onde o arcebispo celebrou um *Te Deum Laudamus*, em agradecimento pelo sucesso da travessia do oceano. À noite, a comitiva real se recolheu ao Paço do Governo. Seguiu-se uma semana de música, dança, espetáculos luminosos pelas ruas da cidade e longas cerimônias de beija-mão, nas quais o príncipe regente recebia, pacientemente, filas intermináveis de súditos.

SALVADOR

Com suas igrejas faiscantes de ouro e entalhes barrocos, casinhas brancas espalhadas pela encosta e os imponentes solares que se destacavam no alto dos morros, Salvador era uma das mais bonitas cidades do Império colonial português. Visto à distância, na entrada da baía de Todos-os-Santos, seu aspecto deslumbrava os visitantes estrangeiros.

Apesar do seu movimentado porto e de sua importância econômica e política, era uma cidade relativamente pequena, de apenas 46 mil habitantes. Sua localização, sobre um terreno muito elevado correndo em declive para o mar, seguia à risca a estratégia militar adotada pelos portugueses para a defesa do Império. As igrejas, conventos, edifícios públicos e residências das famílias mais abastadas ficavam na cidade alta. Na cidade baixa, na faixa rente ao mar, situava-se o quarteirão comercial, com armazéns, lojas, oficinas e o cais do porto.

A ligação entre as duas partes era feita por ruas, ladeiras e becos estreitos, que tornavam o trânsito sobre rodas impossível. Por isso, um grande molinete era usado para içar mercadorias pesadas. Um século mais tarde, esse sistema de tração mecânico e precário seria substituído pelo Elevador Lacerda, movido a eletricidade, que hoje é um dos cartões-postais da capital baiana. Além do molinete, o transporte de mercadorias era realizado por escravos e animais de cargas que subiam e desciam as ladeiras em longas e demoradas filas. Visitantes e moradores ilustres eram, igualmente, carregados morro acima por escravos em liteiras e cadeirinhas suspensas por varões transversais.

O deslumbramento da paisagem, porém, se convertia em decepção quando o visitante entrava na cidade. A inglesa Maria Graham, que esteve na Bahia em 1821, achou tudo muito sujo e decadente. "A rua pela qual entramos através do portão do arsenal [...] é sem nenhuma exceção o lugar mais sujo em que eu tenha estado", contou. Essa impressão se acentuava ao entrar nas casas: "Na maior parte, são repugnantemente sujas", registrou Maria Graham.

Dom João passou um mês na Bahia. Foram dias de incontáveis festas, celebrações, passeios e decisões importantes, que haveriam de mudar os destinos do Brasil. Ele e a mãe, a rainha Maria I, ficaram hospedados no palácio do governador. A princesa Carlota Joaquina não se juntou a eles. Depois da chegada, permaneceu mais cinco dias a bordo da nau *Alfonso de Albuquerque*. Em seguida, hospedou-se no Palácio da Justiça, situado no centro da cidade.

No dia 28 de janeiro, apenas uma semana depois de aportar em Salvador, dom João foi ao senado da Câmara assinar seu mais famoso ato em território brasileiro: a carta régia de abertura dos portos ao comércio de todas as nações amigas. A partir dessa data, estava autorizada a importação "de todos e quaisquer gêneros, fazendas e mercadorias transportadas em navios estrangeiros das potências que se conservam em paz e harmonia com a Real Coroa".

A abertura dos portos era uma medida inevitável. Com Portugal e o porto de Lisboa ocupados pelos franceses, o comércio do reino estava virtualmente paralisado. Abrir os portos do Brasil era, portanto, uma decisão óbvia. Além disso, a liberação do comércio internacional na colônia era uma dívida que dom João tinha com a Inglaterra. Foi o preço que pagou pela proteção contra Napoleão, devidamente negociado em Londres, em outubro

Dom João assina carta de abertura dos portos

de 1807, pelo embaixador português dom Domingos de Sousa Coutinho. O acordo previa não só a abertura dos portos, mas também a autorização para a instalação de uma base naval britânica na ilha da Madeira.

Ainda em Salvador, dom João aprovou a criação da primeira escola de medicina do Brasil e os estatutos da primeira companhia de seguros, batizada Comércio Marítimo. Também deu licença para a construção de uma fábrica de vidro e outra de pólvora, autorizou o governador a estabelecer a cultura e a moagem do trigo, mandou abrir estradas e encomendou um plano de defesa e fortificação da Bahia, que incluía a construção de 25 barcas canhoneiras e a criação de dois esquadrões de cavalaria e um de artilharia.

Além dessas decisões importantes, a temporada baiana de dom João foi de dias amenos, com passeios e celebrações populares. Os baianos tentaram em vão convencê-lo a ficar na Bahia. Representantes da Câmara prometeram levantar fundos para construir um luxuoso palácio e sustentar as despesas da corte na cidade. Dom João recusou a oferta porque Salvador era muito mais vulnerável a um eventual ataque francês do que o bem protegido e mais distante porto do Rio de Janeiro. E foi para lá que embarcou no dia 26 de fevereiro, cumprindo a última etapa de sua viagem memorável ao Brasil.

A COLÔNIA

Duzentos anos atrás, o Brasil não existia. Pelo menos não como é hoje: um país integrado, de fronteiras bem definidas e habitantes que se identificam como brasileiros, torcem pela mesma seleção de futebol, usam os mesmos documentos, viajam para fazer turismo ou trabalhar em cidades e estados vizinhos, frequentam escolas de currículo unificado e compram e vendem entre si produtos e serviços. Às vésperas da chegada da corte ao

Rio de Janeiro, o Brasil era um amontoado de regiões mais ou menos autônomas, sem comércio ou qualquer outra forma de relacionamento, que tinham como pontos de referência apenas o idioma português e o governo da Coroa, sediado em Lisboa, do outro lado do oceano Atlântico.

O mapa do Brasil de 1808 já era muito semelhante ao atual, com exceção do estado do Acre, que seria comprado da Bolívia em 1903. Além disso, durante o governo de dom João VI haveria uma breve mudança na fronteira ao sul. A Província Cisplatina seria anexada ao Bra-

sil em 1817, mas declararia sua independência onze anos mais tarde para se tornar o atual Uruguai. O Tratado de Madri, de 1750, tinha revogado o antigo Tratado de Tordesilhas e redesenhado as fronteiras das colônias portuguesa e espanhola com base no conceito de ocupação efetiva do território. Ocupar o território era, portanto, uma forma de garantir sua integridade.

Com um imenso território virgem, escassamente povoado, o Brasil tinha pouco mais de 3 milhões de habitantes — menos de 2% da sua população atual. De cada três brasileiros, um era escravo. A população indígena era estimada em 800 mil pessoas. A mancha de povoamento ainda se concentrava no litoral, com algumas cidades no interior

Vida doméstica

de São Paulo, Minas Gerais, Goiás, Mato Grosso e ao longo do rio Amazonas. A vila de Itu, a cem quilômetros de São Paulo, era considerada a “boca do sertão”, antigo ponto de partida dos bandeirantes paulistas em direção ao interior ermo do Brasil. Era o último aglomerado urbano de São Paulo com algum conforto e comunicação regular com as demais regiões. A partir daí, o país não passava de um deserto verde, habitado por índios, garimpeiros e escassos criadores de gado, território de ação dos contrabandistas que vendiam suas mercadorias em Buenos Aires. Minas Gerais era a província mais populosa, com pouco mais de 600 mil habitantes. Em seguida, vinha o Rio de Janeiro, com meio milhão. Bahia e Pernambuco ocupavam, respectivamente, o terceiro e o quarto lugares.

EXPLOSÃO DEMOGRÁFICA

Quando a corte chegou ao Rio de Janeiro, a colônia tinha acabado de passar por uma explosão populacional. Em pouco mais de cem anos, o número de habitantes aumentara dez vezes. O motivo fora a descoberta de ouro e diamante no final do século XVII. A corrida para as novas áreas de mineração, que incluíam Vila Rica (atual Ouro Preto) e Tijuco (atual Diamantina), em Minas Gerais, e Cuiabá, no Mato Grosso, produziu a primeira grande onda migratória da Europa para o interior brasileiro. Só de Portugal, entre meio milhão e 800 mil pessoas se mudaram para o Brasil de 1700 a 1800. Ao mesmo tempo, o tráfico de escravos se acelerou. Quase 2 milhões de negros cativos foram importados para trabalhar nas minas e lavouras do Brasil durante o século XVIII. Foi uma das maiores movimentações forçadas de pessoas em toda a história da humanidade. Como resultado, a população da colônia, estimada em cerca de 300 mil habitantes na última década do século XVII, saltou para mais de 3 milhões por volta de 1800.

Era uma população analfabeta, pobre e carente de tudo. A saúde era absurdamente precária. “Mesmo nos centros mais importantes da costa se não encontraria [...] um médico que tivesse feito um curso regular”, conta o historiador Oliveira Lima. A autorização para fazer cirurgia e clinicar era dada mediante um exame perante o juiz comissário, ele próprio um ignorante da ciência da medicina. Os candidatos eram admitidos nessa prova se comprovassem um mínimo de quatro anos de prática numa farmácia ou hospital. Ou seja, primeiro se praticava a medicina e depois se obtinha a autorização para exercê-la.

ISOLAMENTO E IGNORÂNCIA

Devido à precariedade das comunicações com o interior da colônia, a notícia da morte do rei dom José I, em 1777, levou três meses e meio para chegar a São Paulo. A ignorância e o isolamento faziam parte de uma política deliberada do governo português, que tinha como objetivo manter o Brasil, uma joia extrativista e sem vontade própria, longe dos olhos e da cobiça dos estrangeiros.

O Rio Grande do Sul produzia trigo e gado, usado na fabricação de charque, mantas de couro, sebo e chifre. Suas fazendas eram gigantescas. Em 1808, o porto do Rio Grande, com quinhentas casas e 2 mil habitantes, recebia 150 navios por ano, o triplo da vizinha Montevidéu. Exportava essas mercadorias para o resto do país e também para Portugal, África e os domínios portugueses nas Índias.

Com cerca de 3 mil habitantes, a ilha de Santa Catarina, onde hoje está situada a cidade de Florianópolis, já naquela época deslumbrava os viajantes pela beleza e pela organização.

São Paulo, hoje a maior metrópole da América Latina, era um pequeno vilarejo com pouco mais de 20 mil habitantes, incluindo os escravos. Entroncamento das várias rotas de comércio, entre o litoral e o interior e entre o sul e o restante do país, podia ser considerada também a mais indígena e brasileira de todas as grandes cidades coloniais, segundo o jornalista Roberto Pompeu de Toledo.

O coração econômico da colônia pulsava no triângulo formado por São Paulo, Rio de Janeiro e Minas Gerais. Era para essa região que o eixo do desenvolvimento tinha se deslocado no começo do século XVIII, depois do fim do ciclo da cana-de-açúcar no nordeste e da descoberta do ouro e do diamante em Minas.

Em 1808, havia pouco dinheiro circulante no Brasil. Sob o domínio português, a colônia vivia basicamente de escambo. Isso restringia muito as oportunidades que os novos comerciantes tentavam explorar no país recém-aberto ao comércio internacional.

Graças ao ouro e ao diamante que brotavam da terra, a população das cidades mineiras explodiu no século XVIII. No auge de sua prosperidade, Vila Rica chegou a ser a maior cidade do Brasil, com 100 mil habitantes. Tijuco tinha 40 mil pessoas na época de Xica da Silva, a famosa escrava que conquistou o coração de um rico súdito da Coroa portuguesa, o contratador de diamantes João Fernandes de Oliveira. Quando a corte aportou no Brasil, o ciclo do ouro já estava chegando ao fim. Eram regiões de terra devastada pelo garimpo e pela atividade mineradora. "Por todos os lados, tínhamos sob os olhos os vestígios

Cenas do cotidiano

aflitivos das lavagens, vastas extensões de terra revolvida e montes de cascalho", descreveu o botânico Auguste de Saint-Hilaire ao percorrer o interior de Minas Gerais.

O controle sobre a mineração era rigoroso. Pelas leis do governo português, o ouro extraído nas minas e aluviões devia ser entregue às casas autorizadas de fundição de cada distrito, onde se cobravam os direitos da Coroa. O contrabando dominava boa parte do comércio da colônia. Metais e pedras preciosas escoavam pelo rio da Prata, em direção a Buenos Aires. De lá, seguiam para a Europa, sem pagar impostos à Coroa portuguesa.

CENSURA E REPRESSÃO

Apesar da política de isolamento e controle por parte do governo português, a colônia ainda era mais dinâmica e criativa do que a decadente e estagnada metrópole. Entre 1772 e 1800, um total de 527 brasileiros se formaram em Coimbra, então a mais respeitada universidade do Império português. A existência dessa pequena elite intelectual representava uma proeza numa colônia em que tudo se proibia e censurava. Livros e jornais eram impedidos de circular livremente. Quem ousasse expressar opiniões em público contrárias ao pensamento vigente na corte portuguesa corria o risco de ser preso, processado e, eventualmente, deportado.

Na América portuguesa de 1808 as tensões políticas eram agravadas por um fator adicional: a escravidão. Fazia mais de duzentos anos que o tráfico incessante de negros africanos sustentava a prosperidade da economia colonial. Os escravos eram o motor das lavouras de algodão, fumo e cana-de-açúcar, e também das minas de ouro e prata que drenavam a riqueza para a metrópole. Os cativos somados aos negros libertos, mulatos e mestiços — seus naturais aliados entre os pobres que viviam à margem da sociedade colonial — formavam mais de dois terços da população, o que deixava os brancos em minoria. Tratava-se de uma situação insustentável e potencialmente explosiva. O pavor das rebeliões de escravos tirava o sono das famílias brancas, abastadas e bem-educadas.

Em 1791, uma rebelião de negros havia resultado num banho de sangue nas Antilhas Francesas, onde hoje é o Haiti. Poderia isso se repetir no Brasil? Certamente. Na chamada Revolta dos Alfaiates, ocorrida em Salvador em meados de 1798, os revoltosos afixaram manifestos manuscritos nos lugares públicos da cidade exigindo "o fim do detestável jugo metropolitano de Portugal", a abolição da escravatura e a igualdade para todos os cidadãos, "especialmente mulatos e negros". A repressão do governo português foi imediata e duríssima. Quarenta e sete suspeitos foram presos, dos quais nove eram escravos. Quatro deles — todos mulatos livres — acabaram enforcados no centro da cidade. Desses, três ainda foram decapitados e esquartejados.

Em lugar da ameaça e da coerção, no entanto, o dom João que chegou ao Brasil em 1808 usaria para governar um outro atributo fortíssimo da Monarquia: o da imagem do rei benigno, que tudo provê e de todos cuida e protege. Dom João passaria à história como um monarca bonachão, sossegado e paternal, que todas as noites recebia pacientemente seus súditos no Palácio de São Cristóvão para o ritual do beija-mão, em que mesmo as pessoas mais humildes — incluindo índios e escravos — tinham direito de lhe fazer súplicas e prestar homenagem.

CAPÍTULO 3

O encontro de dois mundos no Rio de Janeiro

A ESQUADRA DE DOM João e da família real portuguesa entrou na baía de Guanabara no começo da tarde de 7 de março de 1808. Havia sol e o céu estava azul, sem uma única nuvem. Um vento forte soprava do oceano para aliviar o calor ainda sufocante do final do verão carioca. Depois de três meses e uma semana de viagem, contando a escala em Salvador, centenas de nobres e ilustres passageiros se comprimiam na amurada dos navios para contemplar o soberbo espetáculo que se descortinava diante dos seus olhos: uma cidadezinha de casas brancas, alinhadas rente

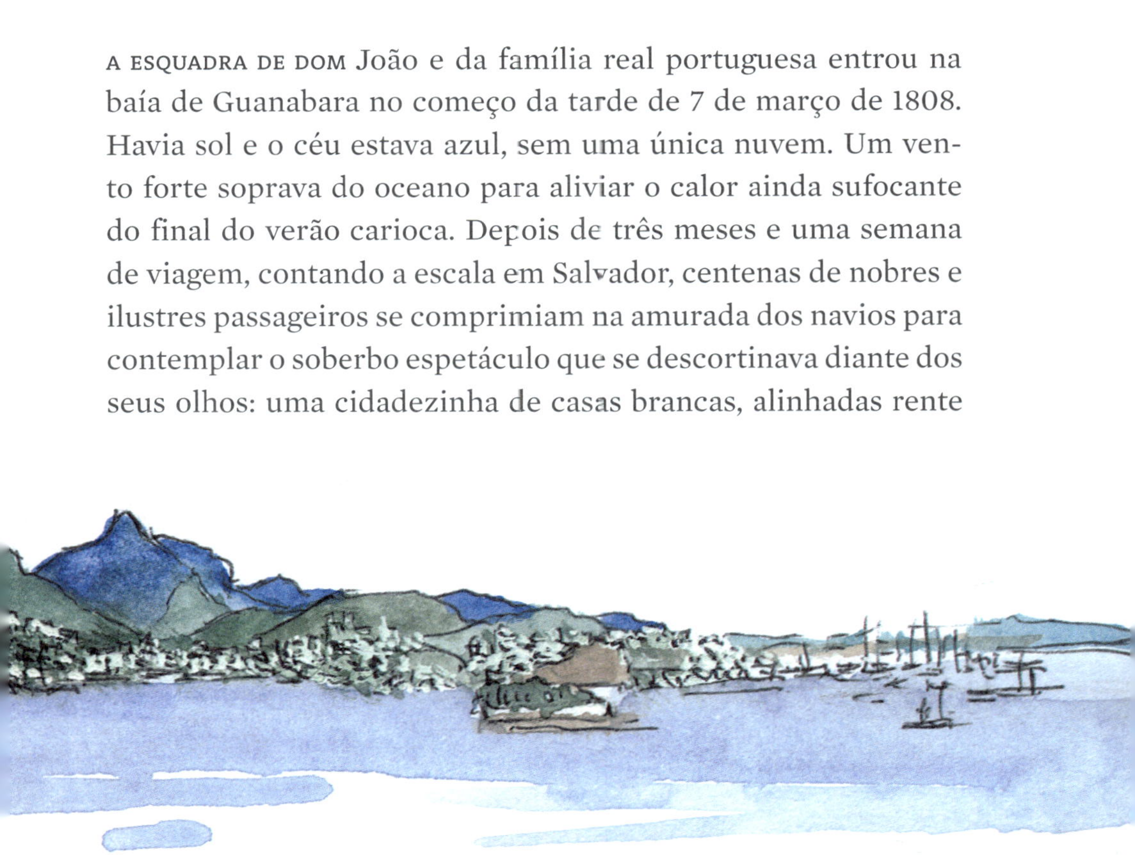

à praia, debruçava-se às margens de uma baía de águas calmas emoldurada por altíssimas montanhas de granito cobertas pela floresta luxuriante, de tonalidade verde-escura, como nunca se tinha visto em Portugal.

O desembarque aconteceu só no dia seguinte, 8 de março, por volta das quatro horas da tarde. Para os brasileiros coloniais, que aguardavam em terra, foi inevitável um certo ar de decepção ao ver aquela corte foragida e castigada pela precariedade da longa travessia. Bem diferente do belo príncipe retratado nos quadros oficiais, dom João era "um homem muito gordo, muito fatigado, muito simples, de suíças castanhas escorridas ao longo da face vermelha, de passo moroso em virtude da erisipela hereditária, e uma velha casaca condecorada de nódoas", segundo o relato do historiador Pedro Calmon. Ao lado do príncipe, que "marchava dificilmente", estava sua mulher, Carlota Joaquina. "Magra, ossuda, os olhos inquietos, a boca cerrada, os lábios finos, o queixo comprido, voluntarioso e duro, não ocultava a contrariedade de ver-se em terra de gentes que haveria de sempre detestar", segundo o historiador Tobias Monteiro.

Roupas da época

O ENCONTRO DE DOIS MUNDOS

A chegada da corte ao Rio de Janeiro foi o encontro de dois mundos, até então estranhos e distantes. De um lado, uma monarquia europeia, envergando casacas de veludo, sapatos afivelados, meias de seda, perucas e galardões, roupas pesadas e escuras demais sob o sol escaldante dos trópicos. De outro, uma cidade colonial e quase africana, com dois terços da população formada por negros, mestiços e mulatos, repleta de homens de grossa aventura: traficantes de escravos, tropeiros, negociantes de ouro e diamantes, marinheiros e mercadores das Índias.

Nesses primeiros dias, dom João, Carlota Joaquina e os filhos ficaram hospedados no Paço Real, a residência reformada pelo vice-rei conde dos Arcos. Foi um arranjo temporário. Dentro de pouco tempo, o príncipe regente iria morar num palácio muito mais amplo e agradável, situado no atual bairro de São Cristóvão. Sua mulher, a princesa Carlota Joaquina, instalou-

-se numa chácara na praia de Botafogo. A rainha Maria I ficou no convento dos carmelitas. A igreja do Carmo foi transformada em Capela Real.

Para tentar resolver o problema da falta de habitação provocado pela chegada dos milhares de acompanhantes da corte, por ordem do conde do Arcos criou-se o famigerado sistema de "aposentadorias", pelo qual as casas eram requisitadas para uso da nobreza. Os endereços escolhidos eram marcados na porta com as letras PR, iniciais de Príncipe Regente, que imediatamente a população começou a interpretar como "Ponha-se na Rua". A arrogância e a prepotência dos que chegavam de além-mar resultaram em vários casos de abuso no sistema de aposentadorias.

A colônia brasileira ganharia muito com a vinda de dom João, a começar pela sua independência, mas os problemas e o custo dos primeiros anos da família real no Rio de Janeiro foram enormes. Era preciso alimentar e pagar as despesas de uma corte ociosa, corrupta e perdulária. Isso aconteceu de duas formas. A primeira foram as listas de subscrição voluntária, que os ricos e poderosos da colônia assinaram de muito boa vontade porque tinham a certeza de obter em troca rápidas e generosas vantagens. A segunda foi o aumento indiscriminado de taxas e impostos, que o povo todo pagou sem conseguir avaliar de imediato que benefícios teria com isso. No longo prazo, o descontentamento resultante se tornaria incontrolável.

NOTÍCIAS DO RIO DE JANEIRO

A cidade que acolheu a família real portuguesa, em 1808, estava para as rotas marítimas transoceânicas como o aeroporto de Frankfurt, na Alemanha, está hoje para os voos intercontinentais. Era uma espécie de esquina do mundo, na qual praticamente todos os navios que partiam da Europa e dos Estados Unidos paravam antes de seguir para a Ásia, a África e as terras recém-descobertas do Pacífico sul. Protegidas do vento e das tempestades pelas montanhas, as águas calmas da baía de Guanabara serviam como abrigo ideal para reparo das embarcações e reabastecimento de água potável, charque, açúcar, cachaça, tabaco e lenha.

Era uma escala fundamental nas longas e demoradas navegações ao redor do mundo. No começo do século XIX, uma viagem da Inglaterra ao Rio de Janeiro durava entre 55 e oitenta dias. Do Rio até a Cidade do Cabo, na África do Sul, eram mais trinta a cinquenta dias. Até a Índia, de 105 a 150 dias. Para a China, 120 a 180 dias. Até a Austrália, de setenta a noventa dias. A importância estratégica do Rio de Janeiro para essas rotas era tão grande que, após a vinda da família real ao Brasil, a cidade se tornou sede do quartel-general da Marinha real britânica na América do Sul, sob o comando do almirante William Sidney Smith, o mesmo que escoltara a esquadra portuguesa na sua partida de Lisboa, em novembro de 1807.

Para os tripulantes e passageiros, a chegada ao Rio de Janeiro, em meio a uma viagem perigosa e monótona, era sempre um evento agradável e surpreendente. Todos os relatos se referem à grandiosidade da natureza, à imponência das montanhas e à vegetação espetacular dominando tudo.

Depois da ocupação de Lisboa pelos franceses, o Rio de Janeiro se tornou o mais importante centro naval e comercial do Império. Mais de um terço de todas as exportações e importa-

ções da colônia passavam pelo seu porto. Era também o maior mercado de escravos das Américas. Seu porto vivia congestionado por navios negreiros que atravessavam o Atlântico, vindos da África. Segundo cálculos do historiador Manolo Garcia Florentino, nada menos do que 850 mil escravos africanos tinham passado pelo porto do Rio no século XVIII, o que representava pouco menos da metade de todos os negros cativos trazidos para o Brasil nesse período.

"LIMPEZA CONFIADA AOS URUBUS"

Observada do mar, enquanto os navios se aproximavam do porto, era uma cidadezinha tranquila, de aparência bucólica, perfeitamente integrada ao esplendor da natureza que a cercava. De perto, a impressão mudava rapidamente. Os problemas eram a umidade, a sujeira e a falta de bons modos dos moradores. "Vistas de fora, as casas têm a mesma aparência de limpeza que observamos nas residências dos melhores vilarejos da Inglaterra", relatou em 1803 o oficial da Marinha britânica James Kingston Tuckey. "Logo, porém, que se metem os pés para dentro, constata-se que a limpeza não passa de um efeito da cal que reveste as paredes exteriores e que, nos interiores, habitam a sujeira e a preguiça. A boa impressão, contudo, desvanece à medida que nos aproximamos... As ruas, apesar de retas e regulares, são sujas e estreitas, a ponto de o balcão de uma casa quase se encontrar com o da casa em frente."

"A limpeza da cidade estava toda confiada aos urubus", escreveu o historiador Oliveira Lima. Alexander Caldcleugh, um estrangeiro que viajou pelo Brasil entre 1819 e 1821, ficou impressionado com o número de ratos que infestavam a cidade e seus arredores. "Muitas das melhores casas estão de tal forma repletas deles que durante um jantar não é incomum vê-los passeando pela sala", afirmou. Devido à pouca profundidade do lençol freático, a construção de fossas sanitárias era proibida. A urina e as fezes dos moradores, recolhidas durante a noite, eram transportadas de manhã para serem despejadas no mar por escravos que carregavam grandes tonéis de esgoto nas costas. Durante o percurso, parte do conteúdo desses tonéis, repleto de amônia e ureia, caía sobre a pele e, com o passar do tempo, deixava listras brancas sobre suas costas negras. Por isso, esses escravos eram conhecidos como "tigres". Devido à falta de um sistema de coleta de esgotos, os "tigres" continuaram em atividade no Rio de Janeiro até 1860, e no Recife, até 1882.

Os hábitos dos moradores não melhoravam em nada esse panorama. Sob o calor úmido dos trópicos, imperavam a preguiça e a falta de elegância no modo de se vestir e se comportar. O inglês John Luccock faz um retrato divertido dos hábitos dos cariocas. Segundo ele, a família geralmente passava o tempo nos aposentos da parte de trás das casas. As mulheres, sentadas em roda, costuravam, faziam meias, rendas, bordados e outros trabalhos manuais. Era também ali que todos se reuniam para fazer as refeições, usando como mesa uma tábua colocada sobre um cavalete no meio da sala.

Convidado para um desses jantares na casa de uma família rica, Luccock surpreendeu-se ao descobrir que cada pessoa deveria comparecer com a própria faca, "em geral larga, pontiaguda e com cabo de prata". À mesa, observou que "os

Uma típica família carioca durante a refeição

dedos são usados com tanta frequência quanto o próprio garfo". Mais do que isso, era comum uma pessoa se servir do prato do vizinho com as mãos.

O pintor Jean-Baptiste Debret, que chegou ao Brasil com a Missão Artística Francesa de 1816, também ficou escandalizado com a falta de boas maneiras dos ricos durante as refeições: "O dono da casa come com os cotovelos fincados na mesa; a mulher, com o prato sobre os joelhos, sentada à moda asiática na sua marquesa; e as crianças, deitadas ou de cócoras nas esteiras, lambuzam-se à vontade com a pasta de comida nas mãos".

A carne fresca era uma raridade. Vinha de longe, de até mil quilômetros de distância. Viajando por estradas precárias, em boiadas que desciam de Minas Gerais ou do Vale do Paraíba, muitos bois morriam pelo caminho, de fome ou de cansaço. Apesar da escassez de carne de gado fresca, a população do Rio de Janeiro tinha uma dieta rica e variada. Era composta de muitas frutas — como banana, laranja, maracujá, abacaxi, goiaba —, peixes, aves, verduras e legumes. A farinha de mandioca ou de milho era um alimento universalmente usado em toda a colônia. Compunha com a carne-seca e o feijão o tripé básico da alimentação brasileira.

CANHÕES E ESCRAVOS

Em 1808, o Rio de Janeiro tinha apenas 75 logradouros públicos. Durante a semana, era uma cidade movimentada e barulhenta, com ruas repletas de muares, carroças ruidosas puxadas por quatro bois a levar materiais de construção. Chamava a atenção dos estrangeiros o troar incessante dos canhões dos navios e das inúmeras

fortalezas que protegiam a cidade. "Em homenagem ao rei, cada navio que entrava no porto disparava 21 tiros, respondidos pelos fortes da barra — costume que não se conhecia em nenhum outro lugar do mundo", diz o historiador Jurandir Malerba. Em 1808 entraram no porto do Rio de Janeiro 855 navios, que dava uma média de dois por dia. Se cada um disparasse 21 tiros, recebendo igual número em resposta das fortalezas, ao anoitecer os cariocas teriam ouvido nada menos que 84 disparos de canhão.

Outro aspecto que despertava a curiosidade dos visitantes era o número de negros, mulatos e mestiços nas ruas. Os escravos dominavam a paisagem também nos feriados e fins de semana. Usando roupas coloridas, enfeites e turbantes, reuniam-se no Campo de Santana, nos subúrbios da cidade, onde, em grandes círculos, cantavam e dançavam batendo palmas. Durante a semana, realizavam todo tipo de trabalho manual. Entre outras atividades, eram barbeiros, sapateiros, moleques de recado, fazedores de cestas e vendedores de capim, refrescos, doces, pão de ló, angu e café. Também carregavam gente e mercadorias. Pela manhã, centenas deles iam buscar água no chafariz do aqueduto da Carioca, que era transportada em bar-

ris semelhantes aos usados para levar os excrementos até as praias no final da tarde.

Uma forma de escravidão que se desenvolveu no Brasil foi o sistema de ganho. Eram aqueles escravos que, após fazer o trabalho na casa de seus donos regulares, iam para as ruas em busca de atividade suplementar. Os escravos de ganho faziam de tudo: iam às compras, buscavam água, removiam o lixo, levavam e traziam recados e serviam de acompanhantes para as mulheres quando iam à igreja. No final do dia, repassavam parte do dinheiro aos seus donos. A quantia era previamente estabelecida. O escravo que a ultrapassasse podia ficar com a diferença. Quem não alcançasse a meta, era punido. Havia escravos que, no sistema de ganho, acabavam acumulando dinheiro suficiente para comprar sua liberdade.

Quando a corte portuguesa chegou ao Brasil, navios negreiros vindos da costa da África despejavam no mercado do Valongo, no Rio de Janeiro, entre 18 mil e 22 mil homens, mulheres e crianças por ano. Entre os séculos XVI e XIX, cerca de 10 milhões de escravos africanos foram vendidos para as Américas. O Brasil, maior importador do continente, recebeu quase 40% desse total, algo entre 3,6 milhões e 4 milhões de cativos, segundo as estimativas aceitas pela maioria dos pesquisadores. O historiador Manolo Garcia Florentino estima que 850 mil escravos desembarcaram no porto do Rio de Janeiro durante o século XVIII, o equivalente à metade de todos os negros cativos trazidos para o Brasil nesse período.

O calor associado à falta de higiene gerava problemas colossais na área de saúde. Em 1798, dez anos antes da chegada da corte, a Câmara do Rio de Janeiro havia proposto a um grupo de médicos um programa para combater as epidemias e erradicar as moléstias endêmicas da cidade. Apoiados no parecer dos médicos, os vereadores levantaram a suspeita de que o foco gerador de algumas dessas doenças epidêmicas, em especial a sarna, erisipela, bexiga (varíola) e tuberculose, eram negros recém-chegados da África. Sugeriram que o mercado de escravos fosse transferido da rua Direita (atual praça Quinze de Novembro) para a região do Valongo, onde estava na época da chegada de dom João ao Brasil.

BARBA, BIGODE E BISTURI

Barbeiro

Mais difícil do que diagnosticar a causa das doenças era combatê-las. Como em toda a colônia, no Rio de Janeiro havia poucos médicos formados em universidades. Uma forma rudimentar de medicina era praticada pelos barbeiros. Thomas O'Neil, tenente da Marinha britânica, ficou intrigado com o número de barbearias e os fins aos quais se destinavam: "As barbearias são aqui bastante singulares. O símbolo dessas lojas é uma bacia, e o profissional que aí trabalha acumula três profissões: dentista, cirurgião e barbeiro".

Barbeiro-
-cirurgião

O pesquisador carioca Nireu Cavalcanti encontrou no Arquivo Nacional documentos que ajudam a dar uma noção do que era a saúde e a medicina no Rio de Janeiro na época de dom João VI. São inventários *post mortem* de dois médicos que relacionam os bens deixados pelos falecidos. Um deles, do cirurgião-mor Antônio José Pinto, inclui esta assustadora relação de "instrumentos cirúrgicos": um serrote grande, um serrote pequeno, uma chave de dentes, duas facas

Barbeiro-dentista

Dom João tinha
medo de trovão

retas, duas tenazes, uma unha de águia, dois torniquetes, uma chave inglesa e uma tesoura grande.

A chegada da família real produziu uma revolução no Rio de Janeiro. O saneamento, a saúde, a arquitetura, a cultura, as artes, os costumes, tudo mudou para melhor — pelo menos para a elite branca que frequentava a vida na corte. Entre 1808 e 1822 a área da cidade triplicou com a criação de novos bairros e freguesias. A população cresceu 30% nesse período, mas o número de escravos triplicou, de 12 mil para 36.182. O tráfego de animais e carruagens ficou tão intenso que foi preciso criar leis e regulamentos para discipliná-lo. A rua Direita tornou-se, a partir de 1824, a primeira da cidade a ter numeração e trânsito organizado pelo sistema de mão e contramão.

DOM JOÃO

Príncipe regente e, depois de 1816, rei do Brasil e de Portugal, dom João tinha medo de siris, caranguejos e trovoadas. Durante as frequentes tempestades tropicais do Rio de Janeiro, refugiava-se em seus aposentos na companhia do roupeiro predileto, Matias Antônio de Sousa Lobato. Ali, com uma vela acesa, ambos faziam orações a santa Bárbara e são Jerônimo até que cessassem os trovões. Certa vez, foi picado por um carrapato na fazenda de Santa Cruz, onde passava o verão. O ferimento inflamou e causou febre. Os médicos recomendaram-lhe banho de mar. Como temia ser atacado por crustáceos, mandou construir uma caixa de madeira, dentro da qual era mergulhado nas águas da

A banheira portátil do rei

praia do Caju, nas proximidades do Palácio de São Cristóvão. A caixa era uma banheira portátil, com dois varões transversais e furos laterais por onde a água do mar podia entrar. O rei permanecia ali dentro por alguns minutos, com a caixa imersa e sustentada por escravos, para que o iodo marinho ajudasse a cicatrizar a ferida.

Esses mergulhos improvisados na praia do Caju, a conselho médico, são a única notícia que se tem de um banho de dom João nos treze anos em que permaneceu no Brasil. Quase todos os historiadores o descrevem como um homem desleixado com a higiene pessoal e avesso ao banho.

O nome completo de dom João VI era João Maria José Francisco Xavier de Paula Luís Antônio Domingos Rafael de Bragança. Foi o último monarca absoluto de Portugal e o primeiro e único de um reino cuja existência durou pouco mais de seis anos: o Reino Unido do Brasil, Portugal e Algarves. Nasceu em 13 de maio de 1767 e morreu em 10 de março de 1826, dois meses antes de completar 59 anos.

Em 1792, quando se confirmou que a mãe estava irremediavelmente louca, assumiu o poder régio em caráter provisório, apoiando-se no Conselho de Estado, composto de nobres, militares e representantes da Igreja. Sete anos mais tarde, em 1799, passou à condição de príncipe regente, o que, na prática, fazia dele um rei ainda sem coroa. A aclamação, com o nome de dom João VI, só aconteceu em 1818, dois anos após a morte da mãe e dez depois da chegada ao Rio de Janeiro. Com seu caráter indeciso e medroso, governou Portugal em meio a um dos períodos mais turbulentos na história das monarquias europeias.

Dom João referia-se a si mesmo sempre na terceira pessoa: "sua majestade quer comer", "sua majestade quer passear", "sua majestade quer dormir". Era também um homem metódico, que tinha a mania de repetir sua rotina diária de forma rigorosa. Sofria

Na algibeira, levava frango assado na manteiga

crises periódicas e profundas de depressão. Ao contrário dos reluzentes reis da França e Espanha que o precederam, dom João vestia-se mal. Repetia a mesma roupa todos os dias e recusava-se a trocá-la mesmo quando já estava suja e rasgada. "A sua roupa habitual foi uma vasta casaca sebosa de galões velhos, puída nos cotovelos", conta Pedro Calmon. Na algibeira dessa casaca, o rei levava os famosos franguinhos assados na manteiga, sem ossos, que devorava no intervalo das refeições.

OS TRÊS PODEROSOS

Três homens exerceram um papel fundamental na história de dom João VI. Foram eles que, em diferentes momentos de sua vida, além de ajudá-lo a superar o medo, a timidez, a insegurança e as crises de depressão, orientaram-no na tomada de decisões que haveriam de marcar profundamente seu reinado. O primeiro foi dom Rodrigo de Sousa Coutinho, o conde de Linhares. Herdeiro e afilhado do marquês de Pombal, tornou-se o principal responsável pela mudança da família real para o Brasil.

O segundo foi Antônio de Araújo de Azevedo, o conde da Barca. Sucessor de dom Rodrigo no Ministério dos Negócios do Reino de dom João, era considerado um dos intelectuais mais ilustres da corte no Brasil. Foi ele quem trouxe na bagagem, em 1807, as máquinas impressoras inglesas que inaugurariam a imprensa no Brasil. Coube também a ele importantes transformações na área de cultura e das ciências, incluindo a vinda da Missão Artística Francesa, em 1816.

O terceiro homem decisivo na vida de dom João foi Tomás Antônio Vilanova Portugal, sucessor dos dois primeiros no ministério. Na fase final de seu governo no Brasil, já velho e cansado, dom João confiava cegamente em Vilanova Portugal. "Dom João não se dava ao trabalho de pensar", conta o historiador Tobias Monteiro. "Por mais insignificante que fosse a decisão para tomar, cabia a Tomás Antônio resolver."

Foram esses três homens que ajudaram a salvar a biografia de dom João VI, aparentemente condenada ao fracasso caso dependesse apenas dos traços de sua própria personalidade. Graças a eles, dom João passou para a história como soberano relativamente bem-sucedido, especialmente quando comparado aos seus pares da época, todos destronados, exilados, presos ou mesmo executados pela onda revolucionária francesa.

CARLOTA JOAQUINA

Poucas mulheres marcaram tanto o seu tempo quanto Carlota Joaquina. Nenhum outro personagem da época de dom João VI passou para a história com imagem tão polêmica e caricata. Inteligente, briguenta e vingativa, ela mereceu dos historiadores perfis diametralmente opostos. No filme de Carla Camurati, *Carlota Joaquina — Princesa do Brazil*, é uma rainha devassa e promíscua. Na história oficial portuguesa, uma soberana carola e ultracon-

Carlota Joaquina

versadora. Inegáveis foram a sua vocação para o poder e a ambição desmedida, que a levaram a participar de inúmeras conspirações e tentativas de golpes, algumas contra o próprio marido. Todas fracassaram.

Carlota Joaquina tinha os olhos negros e graúdos e a boca larga e voluntariosa, de lábios finos, sobre os quais se destacava o buço escuro e pronunciado. Os ângulos do rosto eram retos e viris. Magra, de estatura baixa e cabelos escuros, tinha a pele morena marcada pelas cicatrizes da varíola, contraída quando ainda era criança.

Filha de Carlos IV e irmã de Fernando VII, reis da Espanha, nasceu em 1775 e morreu em 1830, aos 54 anos. Participou de pelo menos cinco conspirações, segundo registram os livros de história. Na primeira, em 1805, tentou destronar o marido e assumir ela própria a regência de Portugal. Dom João descobriu o golpe a tempo, puniu os envolvidos e passou a viver separado da mulher. Mais tarde, já no Brasil, Carlota tentou assumir o trono das colônias espanholas na América depois da deposição do irmão, Fernando VII, rei da Espanha, por Napoleão Bonaparte. Dom João abortou seus planos impedindo que viajasse para Buenos Aires, onde pretendia ser aclamada princesa regente no lugar do irmão.

Em 1821, já de volta a Portugal, recusou-se a assinar a Constituição liberal portuguesa, contrariando a exigência das cortes e as orientações do marido. Como resultado, foi confinada no Palácio do Ramalhão, distante de Lisboa e do poder. Mesmo isolada, em 1824 conspirou para fazer seu filho predileto, dom Miguel, rei de Portugal. O golpe, uma vez mais, deu errado e dom Miguel acabou exilado, como a mãe. Até na morte do marido houve suspeitas de participação de Carlota Joaquina. Dom João VI morreu em 1826, em meio a acessos de náuseas e vômitos. Rumores na época falavam em envenenamento ordenado pela rainha. Depois da morte de dom João, envolveu-se numa derradeira conspiração, na qual tentou aclamar dom Miguel em detrimento da regente Isabel Maria. Perdeu mais uma vez.

UM CASAL NADA CONVENCIONAL

O contraste entre a rainha e o marido era notável. Dificilmente outro casal poderia ser tão diferente nas preferências e no comportamento. Dom João era gordo, letárgico e bonachão. Preguiçoso, detestava andar a cavalo e uma simples caminhada de poucos metros o deixava exausto. Costumava bocejar durante festas e recepções oficiais. Seu passatempo preferido eram as cerimônias e cantos gregorianos na companhia de padres e monges. Carlota Joaquina, ao contrário, era vivaz, hiperativa e falante. Mesmo claudicante, cavalgava como poucos homens de sua época. Seus passeios a cavalo pelos arredores do Rio de Janeiro ficaram famosos. Adorava festas e manejava bem um canhão.

Exigia, sob ameaças, que as pessoas lhe prestassem homenagem quando saía pelas ruas do Rio de Janeiro. Pelo protocolo, os homens tinham de tirar o chapéu e se ajoelhar diante da família real, em sinal de respeito. Isso causou uma série de incidentes diplomáticos, uma vez que a maioria dos representantes estrangeiros se recusava a cumprir o ritual. O mais famoso deles envolveu Thomas Sumter, ministro dos Estados Unidos, republicano convicto e vizinho de Carlota no bairro de Botafogo. Sumter estava passeando a cavalo quando a comitiva da rainha se aproximou a galope. O ministro cumprimentou-a polidamente, mas sem tirar o chapéu ou se ajoelhar. Carlota exigiu que os guardas o obrigassem a desmontar e cumprir o protocolo. Os soldados cercaram o diplomata e ameaçaram chicoteá-lo. Irritado, Sumter puxou um par de pistolas e avisou os soldados que estava disposto a matá-los caso usassem o chicote contra ele. Em seguida, foi se queixar a dom João. Em outro incidente, lorde Strangford, representante da Inglaterra, teria levado algumas chicotadas do estribeiro de Carlota Joaquina. Foram tantas as reclamações que dom João decidiu isentar todos os estrangeiros de qualquer gesto de deferência à família real portuguesa.

Carlota Joaquina e dom João casaram-se por procuração, como era hábito nas cortes europeias. Ela só foi conhecer o marido um mês depois do casamento. Tinha dez anos. Ele, dezessete. Eram, portanto, duas crianças cujo destino estava traçado pelo jogo de interesses das potências da época. O casamento era uma das formas mais práticas de tentar manter alguma estabilidade na península Ibérica e evitar as inúmeras guerras que tantos sacrifícios havia imposto a Espanha e Portugal nos séculos anteriores. A menina Carlota chegou a Portugal em maio de 1785. Por cortesia, o garoto dom João foi recebê-la na fronteira, mas as confusões do casamento, resultantes do caráter indomável da princesa, não tardariam a aparecer. Na noite de 9 de junho, durante uma festa no palácio de Vila Viçosa, Carlota teria mordido a orelha do marido e lhe atirado um castiçal na testa. Fazia apenas dois meses que estavam casados.

Carlota Joaquina, aos dez anos, mordendo a orelha de dom João

Carlota Joaquina detestava o Brasil. Em 1807, resistiu o quanto pôde a sair de Portugal. "Neste país nada resiste", escreveu depois de

Carlota Joaquina e os filhos

chegar ao Rio de Janeiro. "Até as carnes salgadas não duram nada, logo apodrecem." Ao embarcar de volta para Portugal, em 1821, tirou as sandálias e bateu contra um dos canhões da amurada do navio. "Tirei o último grão de poeira do Brasil dos meus pés", teria dito. "Afinal, vou para terra de gente!"

De volta a Portugal, ao se recusar a fazer o juramento à Constituição liberal, perdeu todos os direitos políticos e o título de rainha. Passou o resto de seus dias presa na Quinta do Ramalhão, perto da cidade de Sintra. Numa carta a dom João, explicou que não jurava só porque já tinha dito que não juraria. Era Carlota Joaquina no papel que desempenhou a vida inteira: teimosa, dura, turrona, irredutível.

Foi controvertida até à morte. Pela versão oficial, teria morrido de uma doença no útero, provavelmente um câncer. Os boatos na época, no entanto, diziam que teria apressado o próprio fim tomando chá misturado com arsênico. Dois anos antes de morrer fez um testamento. Estava pobre, falida, mas teve dinheiro para encomendar 1.200 missas. Cem delas para a alma do marido, o rei dom João IV, morto quatro anos antes.

O ATAQUE AO COFRE

A corte chegou ao Brasil empobrecida, destituída e necessitada de tudo. Já estava falida quando deixara Lisboa, mas a situação se agravou ainda mais

no Rio de Janeiro. Deve-se lembrar que entre 10 mil e 15 mil portugueses atravessaram o Atlântico junto com dom João. E todos dependiam do erário real ou esperavam do príncipe regente algum benefício em troca do "sacrifício" da viagem. "Um enxame de aventureiros, necessitados e sem princípios, acompanhou a família real", notou o historiador John Armitage. "Os novos hóspedes pouco se interessavam pela prosperidade do Brasil: consideravam temporária a sua ausência de Portugal e propunham-se a enriquecer à custa do Estado do que a administrar a justiça ou a beneficiar o público."

O historiador Luiz Felipe Alencastro conta que, além da família real, 276 fidalgos e dignatários régios recebiam verba anual de custeio e representação, paga em moedas de ouro e prata retiradas do Tesouro Real do Rio de Janeiro. Com base nos relatos do inglês John Luccock, Alencastro calculava 2 mil funcionários reais e indivíduos exercendo funções relacionadas à Coroa, setecentos padres, quinhentos advogados, duzentos praticantes de medicina e entre 4 mil e 5 mil militares. Um dos padres recebia um salário fixo anual de 250 mil-réis — o equivalente hoje a 14 mil reais — só para confessar a rainha.

Era uma corte cara, perdulária e voraz. Nos treze anos em que dom João viveu no Brasil, as despesas da mal administrada e corrupta ucharia real mais do que triplicou. O déficit crescia sem parar. No último ano, 1821, o buraco no orçamento tinha aumentado mais de vinte vezes — de dez contos de réis para 239 contos de réis. Apesar disso, a corte continuou a bancar todo mundo, sem se preocupar com a origem dos recursos.

Onde achar dinheiro para socorrer tanta gente? A primeira solução foi obter um empréstimo da Inglaterra, no valor de 600 mil libras esterlinas. Esse dinheiro, usado em 1809 para cobrir as despesas da viagem e os primeiros gastos da

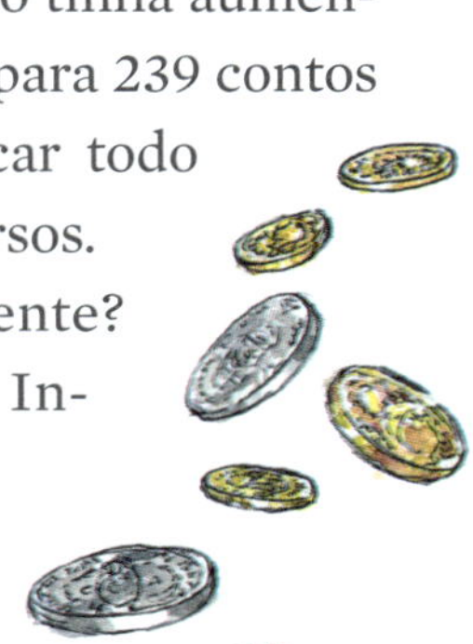

corte no Rio de Janeiro, seria um pedaço da dívida de 2 milhões de libras esterlinas que o Brasil herdaria de Portugal depois da Independência. Outra providência foi criar um banco estatal para emitir moeda. E assim nasceu o Banco do Brasil, em outubro de 1808.

Para estimular a compra de ações do Banco do Brasil, a Coroa estabeleceu uma política de toma lá dá cá. Os novos acionistas eram recompensados com títulos de nobreza, comendas e a nomeação para cargos de deputado da Real Junta do Comércio, além da promessa de dividendos muito superiores aos resultados gerados pela instituição. Em troca, o príncipe regente tinha à disposição um banco para emitir papel-moeda à vontade, tanto quanto fossem as necessidades da corte recém-chegada. Como resultado, quem era rico e plebeu virou nobre. Quem já era rico e nobre enriqueceu ainda mais. A mágica funcionou durante pouco mais de dez anos.

Em 1820, o novo banco já estava arruinado. Para piorar a situação, ao retornar a Portugal, em 1821, dom João VI levou consigo todas as barras de ouro e os diamantes que a Coroa mantinha nos

Padre recebe salário para confessar a rainha

cofres do banco, abalando definitivamente sua credibilidade. Falida e sem chances de recuperação, a instituição teve de ser liquidada em 1829, sete anos depois da Independência. Foi recriada duas décadas e meia mais tarde, em 1853, já no governo do imperador Pedro II.

No Rio de Janeiro, a corte portuguesa estava organizada em seis grandes setores administrativos — chamados de repartições. A Mantearia Real era responsável por todos os assuntos relativos à mesa do rei e sua família, incluindo a lavagem e o fornecimento de talheres e guardanapos. Ao Guarda-Roupas cabia zelar pelas vestimentas de dom João e de toda a família real. A repartição das Cavalariças cuidava dos animais de cavalgada, de tração das carruagens e seges reais e também dos muares usados em serviços de transporte de mercadorias. A Ucharia Real e a Cozinha se encarregavam da alimentação e da bebida. A Real Coutada administrava as florestas e os bosques reais. Por fim, cabia à Mordomia-Mor organizar e administrar tudo isso com dinheiro fornecido pelo Erário Real e seu braço financeiro, o Banco do Brasil.

A NOVA CORTE

Os dois mundos que se encontraram no Rio de Janeiro em 1808 tinham vantagens e carências que se complementavam. De um lado, havia uma corte que se julgava no direito divino de mandar, governar, distribuir favores e privilégios, com a desvantagem de não ter dinheiro. De outro, uma colônia que já era mais rica do que a metrópole, mas ainda não tinha educação, re-

finamento ou qualquer traço de nobreza. Três séculos após o Descobrimento, o Brasil era uma terra de oportunidades imensas, típica das novas fronteiras americanas, onde fortunas eram construídas do nada e da noite para o dia.

Dom João precisava do apoio financeiro e político dessa elite rica em dinheiro, porém destituída de prestígio e refinamento. Para cativá-la, iniciou uma pródiga distribuição de honrarias e títulos de nobreza que se prolongaria até seu retorno a Portugal, em 1821. Apenas nos seus oito primeiros anos no Brasil, dom João outorgou mais títulos de nobreza do que em todos os trezentos anos anteriores da história da Monarquia portuguesa.

Coube a essa nova nobreza socorrer dom João nas suas atribulações financeiras. Parte dela tornou-se acionista do Banco do Brasil. Outra assinou as inúmeras "listas de subscrição voluntária", que circularam pelo Rio de Janeiro logo após a chegada da corte. Eram listas de doações, destinadas a angariar fundos para cobrir as despesas da Coroa. Na primeira lista de subscrições, de 1808, boa parte dos contribuintes era composta de traficantes de escravos. A nova nobreza criada por dom João no Brasil tinha di-

Rei troca apoio da elite por títulos de nobreza

nheiro, títulos e poder, mas nenhum traço de bom gosto ou sofisticação. Todos os cronistas e viajantes da época se referem ao Rio de Janeiro como uma cidade rica e próspera, sem refinamento.

O encontro das duas nobrezas — a nova e rica com a velha e pobre — se dava nos inúmeros rituais que cercavam a realeza no Rio de Janeiro. Incluíam concertos musicais, procissões, missas e outros cerimoniais religiosos. Nada, porém, se comparava ao beija-mão. Era o momento em que o rei, acompanhado de toda a família real, abria as portas do palácio para que os súditos pudessem lhe oscular as mãos, prestar homenagens e fazer diretamente qualquer pedido ou reclamação. Todos tinham o direito de beijar a mão do rei, mesmo quem não era nobre nem fidalgo.

A SENHORA DOS MARES

O Brasil, que por três séculos tinha sido uma terra misteriosa e proibida para os estrangeiros, agora se abria ao mundo. Seus portos, até então restritos aos navios de Portugal — e só de Portugal —, estavam, finalmente, autorizados a receber embarcações de outros países. Na prática, essa liber-

dade de comércio se restringia à Inglaterra. Em 1810, dom João assinou um tratado especial com o governo inglês, que ampliava as liberdades concedidas pela abertura dos portos e dava novas vantagens à entrada de seus produtos no Brasil.

Como a Europa estava ocupada pelos exércitos de Napoleão, naquele momento nenhum outro país europeu tinha condições de comercializar com o Brasil. Vencedora da Batalha de Trafalgar, em 1805, na qual as forças combinadas da Espanha e da França tinham sido aniquiladas pela esquadra de lorde Nelson, a Inglaterra era a única potência com livre trânsito nos mares. Era, portanto, a grande beneficiária das mudanças no Brasil. A partir daí, os portos brasileiros se viram atulhados de produtos ingleses, numa escala nunca antes imaginada.

Chegava de tudo. Muitas coisas eram práticas e úteis, como tecidos de algodão, cordas, pregos, martelos, serrotes, fivelas de arreios e ferragens em geral. Mas havia também excentricidades como patins de gelo e pesadas mantas de lã, que causavam espanto sob o calor úmido e abafado dos trópicos. Eram produtos que as fábricas inglesas despejavam em quantidades monumentais e a preços baixos, graças às novas técnicas de produção desenvolvidas pela Revolução Industrial do final do século XVIII. Sem acesso ao mercado europeu, devido ao bloqueio continental imposto por Napoleão, a Inglaterra os despachava para o Brasil e outros países da América do Sul, onde desembarcavam por uma pechincha e causavam sensação entre os moradores, habituados à escassez e à má qualidade dos produtos pobres e artesanais que circulavam pelas colônias americanas.

Como resultado da Revolução Industrial, combinada com o domínio dos oceanos e a expansão comercial, a riqueza da Inglaterra dobrou entre 1712 e 1792. Em menos de um século, o volume de comércio nos portos de Londres triplicou. Em 1808, o recém-aberto mercado brasileiro tornou-se um alvo natural dos interesses dessa florescente potência mundial. Depois de escapar de Napoleão sob a proteção da Marinha britânica, dom João devia imensos favores à Inglaterra.

Além das vantagens comerciais, o tratado de 1810 deu aos ingleses prerrogativas especiais que incluíam o direito de entrar e sair do

país quando bem entendessem, fixar residência, adquirir propriedades e ter um sistema de justiça paralelo. Como recompensa pela proteção que lhe fora dada pela frota inglesa na viagem ao Brasil, dom João também concedia aos britânicos o privilégio de cortar madeira nas florestas brasileiras para a construção de navios de guerra. Além disso, os navios de guerra britânicos, sem limite de número, poderiam entrar em qualquer porto dos domínios portugueses, em tempos de paz ou de guerra.

CAPÍTULO 4

Transformação no Brasil, resistência na Europa

PASSADOS OS ATROPELOS DA chegada, era hora de colocar mãos à obra. Os planos eram grandiosos e havia tudo por fazer no Brasil. Entre outras carências, a colônia precisava de estradas, escolas, tribunais, fábricas, bancos, moeda, comércio, imprensa, biblioteca, hospitais, comunicações eficientes. Em especial, necessitava de um governo organizado que se responsabilizasse por tudo isso. "O país é que era desmesurado — e virgem — enquanto o governo um adventício e indigente governo, que devia improvisar, criar tudo", escreveu o historiador Pedro Calmon. Dom João não perdeu tempo. No dia 10 de março de 1808, 48 horas depois de desembarcar no Rio de Janeiro, organizou seu novo gabinete.

Caberia a esse ministério criar um país a partir do nada. Havia duas frentes de ação. A primeira, interna, incluiu as inúmeras decisões administrativas que dom João tomou logo ao chegar para melhorar a comunicação entre as províncias, estimular o povoamento e o aproveitamento das riquezas da colônia. A outra frente era externa. Visava ampliar as fronteiras do

Napoleão, o poderoso senhor da guerra

Brasil, numa tentativa de aumentar a influência portuguesa na América. Era também uma forma de punir os adversários europeus de Portugal, ocupando seus territórios e ameaçando seus interesses americanos. Nesse caso, os avanços foram precários e sem consequências duradouras.

No final de 1808, uma tropa de quinhentos soldados brasileiros e portugueses, escoltada por uma pequena força naval, invadiu a Guiana Francesa e sitiou a capital, Caiena, cujo governador se rendeu sem resistência no dia 12 de janeiro. Era uma retaliação à invasão de Portugal pelas tropas de Napoleão. Uma segunda ofensiva seria a anexação da chamada Banda Oriental do Rio do Prata, atual território do Uruguai, em represália à aliança da Espanha com a França napoleônica. Foram ambas conquistas efêmeras. A Guiana seria devolvida à França sete anos mais tarde pelo Tratado de Viena, que redesenhou o mapa da Europa após a queda de Napoleão. O Uruguai, ocupado por tropas de dom João em 1816, conseguiria sua independência em 1828.

A TRANSFORMAÇÃO

Com os planos de expansão territorial fracassados, restou a dom João se concentrar na primeira — e mais ambiciosa — de suas tarefas: mudar o Brasil para reconstruir nos trópicos o sonhado Império americano de Portugal. Nesse caso, as novidades começaram a aparecer num ritmo alucinante e teriam grande impacto no futuro do país. Na escala em Salvador, a decisão mais importante havia sido a abertura dos portos. Na chegada ao Rio de Janeiro, foi a concessão de liberdade de comércio e indústria manufatureira no Brasil. A medida, anunciada no dia 1º de abril, revogava um alvará de 1785, que proibia a fabricação de qualquer produto na colônia. Combinada com a abertura dos portos, representava na prática o fim do sistema colonial. O Brasil libertava-se de três séculos de monopólio português e se integrava ao sistema internacional de produção e comércio como uma nação autônoma.

Livres das proibições, inúmeras indústrias começaram a despontar no território brasileiro. Em 4 de dezembro de 1810, uma Carta Régia criou a Real Fábrica de Ferro de São João do Ipanema, em Sorocaba, interior de São Paulo, seguindo projeto do mineralogista alemão Friedrich Ludwig Wilhelm von Varnhagen (pai do futuro historiador Francisco Adolfo de Varnhagen, visconde de Porto Seguro) e do brasileiro Martin Francisco Ribeiro de Andrada (irmão de José Bonifácio, futuro patriarca da Independência). No ano seguinte, Wilhelm Ludwig von Eschwege, o barão de Eschwege, também mineralogista alemão e amigo de José Bonifácio, foi autorizado a construir uma fábrica de ferro em Congonhas do Campo, Minas Gerais. Batizada de Patriótica, a nova siderúrgica era uma em-

presa privada, formada por uma sociedade de acionistas. Em outras regiões foram erguidos moinhos de trigo e fábricas de barcos, pólvora, cordas e tecidos.

A abertura de novas estradas, autorizada por dom João ainda na escala em Salvador, ajudou a romper o isolamento que até então vigorava entre as províncias. Sua construção estava oficialmente proibida por lei desde 1733, com a desculpa de combater o contrabando de ouro e pedras preciosas. Ainda em 1809, uma estrada de 121 léguas (cerca de oitocentos quilômetros) foi aberta entre Goiás e a região norte do país. Seguindo um percurso semelhante ao da atual rodovia Belém-Brasília, tinha por objetivo facilitar a comunicação com a Guiana Francesa depois da ocupação de Caiena por tropas portuguesas. Também foram abertos novos caminhos entre Minas Gerais, Bahia, Espírito Santo e o norte do atual estado do Rio de Janeiro. A estrada do Comércio, ligando as cidades do Vale do Paraíba, reduziu pela metade o percurso que os tropeiros tinham de percorrer para ir de São Paulo ao sul de Minas.

Influência francesa na corte

As regiões mais distantes foram exploradas e mapeadas. O Pará e o Maranhão ganharam uma nova carta hidrográfica. Goiás, a sua primeira companhia de navegação. Expedições percorreram os rios tributários do Amazonas até as nascentes e estabeleceram a comunicação fluvial entre o Mato Grosso e São Paulo. A navegação a vapor foi inaugurada em 1818 por Felisberto Caldeira Brant Pontes, futuro marquês de Barbacena e primeiro embaixador do Brasil em Londres depois da Independência.

Outra novidade foi a introdução do ensino leigo e superior. Antes da chegada da corte, toda a educação no Brasil Colônia estava restrita ao ensino básico e confiada aos religiosos. Ao contrário das colônias espanholas vizinhas, que já tinham suas primeiras universidades, no Brasil não havia uma só faculdade. Dom João mudou isso ao criar uma escola superior de medicina, outra de técnicas agrícolas, um laboratório de estudos e análises químicas e a Academia Real Militar, cujas funções incluíam o ensino de engenharia civil e mineração. Estabeleceu ainda o Conselho Supremo Militar e de Justiça, a Intendência Geral da Polícia da Corte (mistura de prefeitura com secretaria de segurança pública), o Erário Régio, o Conselho da Fazenda e o Corpo da Guarda Real. Mais tarde seriam criadas a Biblioteca Nacional, o Museu Nacional, o Jardim Botânico e o Real Teatro de São João.

A *Gazeta do Rio de Janeiro*, o primeiro jornal publicado em território nacional, começou a circular no dia 10 de setembro de 1808, impresso em máquinas trazidas ainda encaixotadas da Inglaterra. Com uma ressalva: só imprimia notícias favoráveis ao governo.

As transformações teriam seu ponto culminante em 16 de dezembro de 1815. Nesse dia, véspera da comemoração do aniversário de 81 anos da rainha Maria I, dom João elevou o Brasil à condição de Reino Unido a Portugal e Algarves e promoveu o Rio de Janeiro à sede oficial da Coroa. Havia dois objetivos na medida. O primeiro era homenagear os brasileiros que o haviam acolhido em 1808. O outro era reforçar o papel da Monarquia portuguesa nas negociações do Congresso de Viena, no qual as potências vitoriosas na guerra contra Napoleão discutiam o futuro da Europa. Com a elevação do Brasil à categoria de Reino Unido com Portugal, a Monarquia portuguesa ganhava direito de voz e voto nas principais

mesas de negociação, embora estivesse exilada no Rio de Janeiro, a milhares de quilômetros de Lisboa, a sede até então reconhecida pelos demais governos europeus.

OS ARTISTAS FRANCESES

Enquanto mandava abrir estradas, construir fábricas e escolas e organizar a estrutura de governo, dom João também se dedicava a promover as artes, a cultura, e tentar infundir algum traço de refinamento e bom gosto nos hábitos atrasados da colônia. A maior dessas iniciativas foi a contratação, em Paris, da famosa Missão Artística Francesa. A missão chegou ao Brasil em 1816 e era composta por alguns dos mais renomados artistas da época, entre eles Jean-Baptiste

Debret, discípulo de Jacques-Louis David, o pintor favorito de Napoleão Bonaparte.

Oficialmente, o principal objetivo da missão francesa era a criação de uma academia de artes, ciências e ofícios no Brasil. Esse plano só saiu do papel muitos anos depois. No longo prazo, os efeitos da missão sobre a cultura do Rio de Janeiro foram significativos, porém, na sua fase inicial, o que os franceses fizeram mesmo foi paparicar o rei e a corte que garantiam seu sustento nos trópicos. Coube a eles organizar e ornamentar as grandes celebrações que a Monarquia faria no Brasil nos quatro anos que antecederam a volta para Portugal e que incluiriam o casamento de dom Pedro com a princesa Leopoldina, o aniversário, a aclamação e a coroação de dom João VI.

A música era, de longe, a arte preferida pela corte portuguesa no Rio de Janeiro. Debret estimou que, em 1815, dom João gastava 300 mil francos anuais na manutenção da Capela Real e seu corpo de artistas. Os concertos eram realizados na Capela Real e no recém-inaugurado Teatro de São João, com 112 camarotes e lugares para 1.020 pessoas na plateia.

O Rio de Janeiro definitivamente estava longe de se comparar a Londres ou Paris, mas os novos hábitos e rituais importados pela corte logo produziram efeito no comportamento dos seus moradores. A maneira mais divertida de observar a sofisticação dos hábitos da sociedade carioca é ler os anúncios publicados na *Gazeta do Rio de Janeiro* a partir de 1808. No começo, oferecem serviços e produtos simples, reflexo de uma sociedade colonial ainda fechada para o mundo, que importava pouca coisa e produzia quase tudo o que consumia. De 1810 em diante, o tom e o conteúdo dos anúncios mudam de forma radical. Em vez de casas, cavalos e escravos, passam a oferecer pianos, livros, tecidos de linho, lenços de seda, champanhe, água-de-colônia, leques, luvas, vasos de porcelana, quadros, relógios e uma infinidade de outras mercadorias importadas. A influência francesa é marcante. As lojas do Rio de Janeiro estavam repletas de novidades que chegavam de Paris.

A indumentária e os novos hábitos transplantados pela corte eram exibidos nas noites de espetáculo do Teatro de São João ou nas missas de domingo. Nessas ocasiões, um símbolo indiscutível de status era o número de escravos e serviçais que acompanhavam seus senhores nas ruas do Rio de Janeiro. Os mais ricos e poderosos tinham as maiores comitivas e faziam questão de exibi-las como símbolo de sua importância social.

Apesar do esforço e da velocidade das mudanças empreendidas por dom João, transformar o Brasil seria uma tarefa muito mais árdua do que se poderia imaginar observando as lojas e a pompa das famílias nas ruas da nova sede da corte portuguesa.

O CHEFE DA POLÍCIA

Uma bomba populacional abalou o Rio de Janeiro nos treze anos em que a corte portuguesa esteve no Brasil. O número de habitantes, que era de 60 mil em 1808, tinha dobrado em 1821. Só São Paulo, transformada na maior metrópole da América Latina na fase da industrialização, na primeira metade do século XX, veria um crescimento tão acelerado. No caso do Rio de Janeiro, havia um agravante: metade da população era escrava. Pode-se imaginar o que foi isso numa cidade que já em 1808 não tinha espaço, infraestrutura nem serviços para receber os novos moradores que chegavam de Lisboa.

A criminalidade atingiu índices altíssimos. Roubos e assassinatos aconteciam a todo momento. No porto, navios eram alvo de pirataria. Gangues de arruaceiros percorriam as ruas atacando as pessoas a golpes de faca e estilete. Oficialmente proibidos, a prostituição e o jogo eram praticados à luz do dia.

A tarefa de colocar alguma ordem no caos foi confiada por dom João ao advogado Paulo Fernandes Viana. Desembargador e ouvidor da corte, nascido no Rio de Janeiro e formado pela Universidade de Coimbra, Viana foi nomeado Intendente Geral da Polícia pelo alvará de 10 de maio de 1808, cargo que ocupou até 1821, o ano de sua morte. Tinha funções equivalentes ao que seria hoje a soma de um prefeito com um secretário de segurança pública. Mais do que isso, era "um agente civilizador" dos costumes no Rio de Janeiro. Cabia a ele transformar a vila colonial, provinciana, inculta, suja e perigosa em algo mais parecido com uma capital europeia, digna de sediar a Monarquia portuguesa. Sua missão incluía aterrar pântanos, organizar o abastecimento de água e comida e a coleta de lixo e esgoto, calçar e iluminar as ruas usando lampiões a óleo de baleia, construir estradas, pontes, aquedutos, fontes, passeios e praças públicas. Ficou também sob sua responsabilidade policiar as ruas, expedir passaportes, vigiar os estrangeiros, fiscalizar as condições sanitárias dos depósitos de escravos e providenciar moradia para os novos habitantes que a cidade recebeu com a chegada da corte.

Viana era um dos mais influentes auxiliares do príncipe regente, com quem tinha audiências a cada dois dias. Munido de superpoderes, ele se metia em praticamente tudo. Brigas de família e vizinhos, confusões envolvendo escravos e senhores, organização de festas e espetáculos públicos, distribuição de livros e jornais estrangeiros, o comportamento das pessoas dentro e fora de casa — nada escapava de seu crivo. Em ofício ao comandante da polícia, em janeiro de 1816, mandava matar os cães vadios. Em outro, ordenava à guarda militar reprimir "assobios, gritos, pateadas e outros comportamentos e modos incivis que o povo pratica" durante os espetáculos de teatro.

O ESFORÇO CIVILIZADOR

Uma das primeiras tarefas de Viana no seu novo e ingrato papel de agente civilizador do Rio de Janeiro foi mudar a própria arquitetura colonial da cidade. Coube a ele executar a ordem de dom João que determinava a substituição das austeras rótulas de madeiras nas janelas das casas por vidraças. A medida foi tomada por razões estéticas, mas também por segurança:

temia-se que as janelas escondidas atrás das treliças fossem usadas em emboscadas contra a corte portuguesa.

A cruzada para mudar os costumes encontrava um obstáculo na presença maciça dos escravos nas ruas da cidade. Malvestidos, os negros costumavam se reunir nas ruas e praças aos domingos e feriados para jogar, lutar capoeira e batucar. Quando cometiam algum delito, seus donos tinham a prerrogativa de mandar açoitá-los em praça pública. Relatório do intendente em 1821 revela que um terço de todas as prisões de escravos no período estavam relacionadas a "crimes contra a ordem pública", registrados nos boletins policiais sob o nome genérico de "desordens".

Nada disso, na opinião de Viana, era condizente com o novo patamar de elegância e refinamento que o Rio de Janeiro deveria ostentar com a chegada da família real. Segundo o intendente, numa cidade que abrigava uma corte, açoitar negros em praça pública era "verdadeiramente indecente". Além do mais, poderia provocar desnecessárias revoltas. Por isso, suas medidas incluíram a proibição de reunião de negros escravos em lugares públicos.

No Rio de Janeiro da corte, a maioria da população andava armada. Pouca gente se arriscava a sair desacompanhada à rua depois do anoitecer. Pedradas eram um tipo de agressão muito comum. Um grande número de escravos era preso por desferir pedradas em pessoas que simplesmente passavam pela rua.

Ao deixar o cargo, em 1821, Viana registrou os seus feitos: "Aterrei imensos pânta-

Escravo punido com chibatadas no pelourinho

nos da cidade, com que se tornou mais sadia [...], fiz calçadas na rua do Sabão e de São Pedro, na cidade Nova: na rua dos Inválidos [...], fiz o cais do Valongo [...], por não haver na cidade abundância d'água para o uso público, consegui [...] conduzir água até para beber em uma légua de distância [...], criei e fui sempre aumentando a iluminação da cidade".

OS VIAJANTES

No começo do século XIX, a colônia brasileira era o último grande pedaço habitado do planeta ainda inexplorado pelos europeus que não fossem portugueses. Embora holandeses e franceses já tivessem ocupado por breves períodos trechos do litoral de Pernambuco e do Rio de Janeiro, respectivamente, o interior do país permanecia como uma vasta terra incógnita. A proibição de acesso imposta pelos portugueses tornava a colônia ainda mais misteriosa, devido aos rumores que circulavam na Europa sobre as imensas riquezas minerais escondidas no subsolo e as infindáveis florestas tropicais repletas de plantas e animais exóticos e de índios que ainda viviam na Idade da Pedra. A chegada da corte e a abertura dos portos mudaram tudo isso de forma repentina. O resultado foi uma invasão estrangeira sem precedentes.

Existem algumas imagens recorrentes nos relatos dos inúmeros estrangeiros que visitaram o Brasil no começo do século XIX. A primeira é a de uma colônia preguiçosa e descuidada, sem vocação para o trabalho, viciada por mais de três séculos de produ-

Estrangeiros descobrem o Brasil

ção extrativista. Outra imagem muito frequente nesses relatos dos viajantes é a do analfabetismo, da falta de cultura e instrução. Para a ciência, a abertura dos portos e o fim da proibição de acesso ao Brasil representaram um salto quântico. O país que se abria aos geógrafos, botânicos, geólogos e etnógrafos era um laboratório imenso, riquíssimo e repleto de novidades.

O VIETNÃ DE NAPOLEÃO

Uma das obras mais visitadas no Museu do Prado, em Madri, é um quadro do pintor Francisco de Goya chamado *Os fuzilamentos da Moncloa*. Retrata uma cena assustadora ocorrida na noite de 3 de maio de 1808 na montanha do Príncipe Pio, nos arredores da capital espanhola. Do lado direito do quadro uma fileira de soldados aponta seus fuzis para um grupo de pessoas ajoelhadas. No centro, uma lanterna no chão projeta uma luz fantasmagórica sobre um homem que, de camisa branca e calça bege, ergue os braços em direção aos atiradores. O instante congelado pelas tintas de Goya é de puro medo e desespero. Aos pés do homem de camisa branca estão empilhados três ou quatro cadáveres cobertos de sangue. Ao seu lado, outras pessoas esperam pelo tiro fatal.

O quadro de Goya é um trágico testemunho dos acontecimentos que abalaram a península Ibérica no ano em que a família real portuguesa chegou ao Brasil. Na véspera daquelas execuções em massa, os espanhóis se rebelaram contra a invasão das tropas francesas e a deposição do rei Carlos IV. A repressão foi violenta e implacável. Entre a tarde do dia 2 e a noite do dia 3, centenas de rebeldes foram fuzilados nos subúrbios de Madri. Começava ali um dos confrontos mais sangrentos das Guerras Napoleônicas — e que teria consequências profundas para os dois lados em disputa.

Entre 1807 e 1814, Portugal e Espanha foram para Napoleão o que o Vietnã seria para os Estados Unidos um século e meio depois. Anos mais tarde, já exilado na ilha de Santa Helena, o próprio Napoleão registraria em suas memórias: "Foi [a guerra espanhola] o que me destruiu. Todos os meus desastres tiveram origem nesse nó fatal".

A chamada Guerra Peninsular, travada nesses dois países, envolveu uma série de embates não convencionais, de guerrilhas e emboscadas. Era um ambiente ao qual as disciplinadas tropas francesas não estavam habituadas. Na Espanha e em Portugal, os franceses tiveram de enfrentar bandos armados com foices, tridentes, paus e pedras, que preferiam emboscadas a batalhas convencionais num terreno montanhoso e difícil.

Os erros de avaliação cometidos por Napoleão na península Ibérica, que haveriam de selar seu destino, começaram pela escolha do homem encarregado de comandar a invasão de Portugal. O general Jean Andoche Junot estava longe de ser um oficial de primeira linha. Um dos motivos para a escolha de Junot era o óbvio despreparo do Exército de Portugal. Os franceses não esperavam qualquer resistência por parte dos portugueses. Junot, apesar de suas limitações, poderia dar conta do recado.

Era um terrível engano. Apesar da pobreza e dos parcos recursos que lhes restavam, portugueses e espanhóis fariam uma resistência obstinada que seria fatal para os destinos de Junot e do próprio Napoleão. De um total de 29 mil soldados que participaram da invasão de Portugal, só 22 mil voltaram para casa.

Ao todo, a Guerra Peninsular consistiu de duas grandes campanhas. A primeira começou em outubro de 1807, quando Napoleão pressionou o governo espanhol a dar assistência aos 25 mil soldados franceses que haviam cruzado os Pirineus, a cadeia de montanhas entre a França e a Espanha, para atacar o pequeno e insolente Portugal. Embora a Espanha tenha cooperado, a marcha foi difícil e custou caro aos franceses. Junot entrou em Lisboa em 1º de dezembro de 1807, dois dias depois da partida da família real para o Brasil, deixando para trás uma linha indefesa de 644 quilômetros de comunicações e suprimentos com a França.

Nesse meio tempo, a subserviente Monarquia espanhola era traída por Napoleão. No começo de 1808, uma segunda linha de forças francesas, sob o comando do general Murat, invadiu a Espanha. Em poucas semanas, Murat ocupou todas as fortalezas ao norte e no centro do país e, à frente de 82 mil homens, entrou em Madri no dia 14 de março. Surpreendido pelas tropas francesas, o rei Carlos IV e seu herdeiro, o príncipe Fernando, foram obrigados a abdicar em favor de José Bonaparte, irmão de Napoleão.

A deposição do rei e a brutalidade das forças francesas na Espanha criaram o ressentimento popular que acabou explodindo na revolta de 2 de maio em Madri. Em 20 de julho, uma força de 20 mil franceses foi cercada e obrigada a capitular na cidade de Bailén. A notícia dessa derrota produziu uma onda de choque na Europa. Em Portugal, a resistência, organizada pelos ingleses, acabaria sendo maior do que se imaginava. No dia 1º de agosto de 1808, um exército de 15

mil soldados ingleses, comandado pelo general Arthur Wellesley, desembarcou no litoral português e três semanas mais tarde derrotou o general Junot na cidade de Vimeiro.

A CAMINHO DA DERROTA

A segunda fase da Guerra Peninsular envolveu a intervenção pessoal de Napoleão e o envio de seus melhores generais para as frentes de batalha na Espanha e em Portugal. Em dezembro de 1808, o imperador francês entrou em Madri à frente de um monumental exército de 305 mil homens. Foi uma vitória efêmera. Preocupado com as notícias de conspirações em Paris e de reorganização das forças austríacas, o imperador retornaria à França. A derrota na primeira fase da Guerra Peninsular tinha abalado a confiança no poder dos franceses e dera tempo para que os ingleses pusessem um pé no continente e reorganizassem os desmantelados Exércitos espanhol e português.

Em maio de 1809, sir Arthur Wellesley, que havia se retirado para a Inglaterra ao final da primeira fase da guerra, retornava a Portugal com um exército reforçado. Nos quatro anos seguintes, ele expulsou os franceses da península mediante uma combinação de guerrilha com batalhas convencionais e lances geniais. Em outubro de 1809, engenheiros britânicos e trabalhadores portugueses começaram a construir uma das grandes maravilhas da moderna história militar. Eram as Torres Vedras, uma sequência de 152 fortificações erguidas em posições estratégicas, que começava às margens do rio Tejo e se estendia até o oceano Atlântico, formando um cinturão de 88 quilômetros em torno de Lisboa.

As torres, que serviam simultaneamente de postos de observação e de defesa em caso de ataque, revelaram-se intransponíveis. Em julho de 1810, Masséna, um dos mais experientes generais de Napoleão, tentou cruzá-las à frente de 70 mil homens e 126 canhões. Foi inútil. Obrigado a recuar, Masséna abriu caminho para que Arthur Wellesley progredisse lentamente rumo à fronteira com a França. Enquanto isso, Napoleão perdia 250 mil soldados na fracassada tentativa de invasão da Rússia. Dali até a derrota final, em Waterloo, seria só uma questão de tempo.

CAPÍTULO 5

O retorno a Portugal

O ANO DE 1818 é considerado o mais feliz de toda a temporada brasileira de dom João VI. Apesar das dificuldades financeiras da Coroa, o reino estava em paz, o monarca gozava de boa saúde, Carlota Joaquina tinha sido derrotada nas suas conspirações, a colônia enriquecia e prosperava, os hábitos tinham mudado no Rio de Janeiro e, na Europa, a ameaça de Napoleão tornara-se apenas uma lembrança distante. Derrotado por lorde Wellington na Batalha de Waterloo, em 1815, o imperador francês estava preso havia três anos na ilha de Santa Helena, um rochedo remoto e solitário no Atlântico Sul. Mesmo empobrecida, restava à corte portuguesa celebrar e aproveitar o clima ameno e tranquilo do Rio de Janeiro. O sonho de dom João, de reconstruir seu Império nos trópicos, parecia enfim ter chances de se realizar. Era uma ilusão. Dentro de dois anos, acontecimentos inesperados dos dois lados do Atlântico o obrigariam a mudar de planos e a reassumir o papel que o destino lhe havia imposto — o de um rei forçado a agir sempre na defensiva, pressionado por eventos que não estavam sob seu controle.

A aclamação do rei dom João VI

O breve período de festejos da corte portuguesa no Brasil começou em 1817, ano do casamento e do desembarque da princesa Leopoldina, e prosseguiu com a aclamação, a coroação e o aniversário do rei dom João VI, no ano seguinte. A morte da rainha Maria I, aos 81 anos, na prática não mudava muita coisa. Dom João já ocupava o trono havia mais de duas décadas — desde que a mãe demente tinha sido considerada incapaz de governar.

A forma como esses rituais foram encenados demonstram claramente que dom João VI não estava muito preocupado com a opinião dos súditos brasileiros. O objetivo era impressionar seus pares na Europa. Banido de sua própria capital, Lisboa, exilado em terras distantes, explorado e oprimido pelos vizinhos mais poderosos, submetido a atos de humilhação, como a fuga às pressas por não ter condições de se defender por conta própria, ainda assim o rei português tentava manter a pose. Não foi por acaso, portanto, que a maior demonstração de pompa e riqueza da corte portuguesa no Brasil foi feita em Viena, a cerca de 10 mil quilômetros do Rio de Janeiro. Ali se realizaram, entre fevereiro e junho de 1817, as inúmeras cerimônias que marcaram o casamento por procuração da princesa Leopoldina com o futuro imperador Pedro I.

As celebrações de 1817, iniciadas em Viena, continuaram com a chegada da princesa Leopoldina, no dia 5 de novembro, ao Rio de Janeiro. Os preparativos foram organizados pelo Intendente Geral de Polícia, Paulo Fernandes Viana. As praias, que em situações normais eram um depósito de esgoto a céu aberto, foram saneadas. As ruas, varridas e lavadas, receberam a cobertura de uma fina camada de areia branca e foram salpicadas com flores aromáticas. As janelas dos casarões foram ornamentadas com toalhas e colchas de renda e damasco. Nas ruas que seriam percorridas pela corte foram construídos três arcos triunfais, desenhados pelos artistas da Missão Francesa.

No dia da coroação, o rei dom João VI usava um manto de veludo escarlate coberto com fios de ouro. Como havia feito ao chegar ao Rio de Janeiro, em 1808, caminhou novamente do Paço até a Capela Real, acompanhado pelos membros da nobreza e os embaixadores estrangeiros. Depois do juramento, exibiu-se pela primeira vez de cetro e coroa. A cerimônia foi seguida pelos vivas da multidão concentrada em frente ao Paço, pelas salvas de canhões e pelo repique ininterrupto dos sinos das igrejas.

O PENICO DO REI

Fora desses momentos de celebração, o rei dom João vi levava no Rio de Janeiro uma vida pacata e tranquila. Acordava às seis horas da manhã, vestia-se com a ajuda de seu camareiro, Matias Antônio de Sousa Lobato, o visconde de Magé, e ia rezar no oratório. Comia frangos com torradas durante as audiências matinais, nas quais recebia os fidalgos mais íntimos e os serviçais da corte. Depois do almoço, o rei dormia uma ou duas horas e, no final da tarde, saia para passear, às vezes dirigindo ele próprio uma pequena carruagem puxada por mulas.

O historiador Tobias Monteiro acrescenta um detalhe pitoresco nesses passeios: o ritual que envolvia as necessidades fisiológicas do rei. Segundo ele, à frente da comitiva ia um moço de cavalariça, a quem o povo chamava de "toma largas" — talvez porque abria espaço à passagem do rei ou por usar vestimentas de abas enormes. Esse vassalo montava uma besta, de cuja sela pendiam dois alforjes. Num ia a merenda de dom João vi. No outro, um penico e uma armação composta de três peças que funcionava como um vaso sanitário portátil, para ser usado em campo aberto. A certa altura do passeio, o rei murmurava alguma ordem, o moço descia da mula e montava o equipamento. "Então", acrescenta o historiador, "o rei descia da carruagem e dele aproximava-se o camarista, que lhe desabotoava e arriava os calções. Diante dos oficiais e outras pessoas da comitiva, até da princesa Maria Teresa, sua filha predileta, quando esta o acompanhava, sentava-se beatamente, como se ninguém lhe estivesse em torno. Satisfeito o seu desejo, vinha um criado particular limpá-lo e de novo chegava o camarista, para ajudá-lo a se vestir."

Cumprida essa etapa, dom João retomava o passeio, até chegar a hora da merenda. Além da comida guardada no alforje do moço de cavalariça, o rei levava também um estoque extra de galinhas assadas e desossadas. Guardava os pedaços na algibeira do seu casacão encardido e ia comendo enquanto contemplava a paisagem ou parava para conversar com as pessoas que o saudavam pelo caminho.

PORTUGAL ABANDONADO

Os treze anos em que dom João VI permaneceu no Rio de Janeiro foram de fome e grandes sofrimentos para o povo português. Na manhã de 30 de novembro de 1807, dia seguinte ao da partida da família real, as velas da esquadra portuguesa ainda não tinham desaparecido no horizonte quando o pânico tomou conta de Lisboa. Um pequeno terremoto sacudiu a cidade. Foi interpretado como um presságio sinistro. E era mesmo. Sabendo que seriam o primeiro alvo dos ataques franceses, agricultores abandonaram suas propriedades e fugiram para a capital. Quem já estava lá, correu antes de mais nada para comprar comida. Depois se trancou dentro de casa.

Quando as tropas exaustas e maltrapilhas de Junot entraram na capital, as ruas estavam desertas. Em seguida, começou o saque da cidade. As bagagens e cargas deixadas no cais durante a apressada fuga da corte foram confiscadas. Lojas e casas, arrombadas. Os preços dos alimentos dispararam. A moeda se desvalorizou em 60%. As casas de câmbio fecharam por falta de dinheiro em circulação.

Sentindo-se enganado pela fuga da corte para o Brasil, Napoleão impôs a Portugal punições duríssimas. A primeira foi uma indenização de guerra no valor de 100 milhões de francos — uma cifra astronômica, equivalente hoje a cerca de 400 milhões de euros ou 1,2 bilhão de reais, que o país, na situação de penúria em que se encontrava, jamais teria condições de pagar.

Além disso, confiscou as propriedades de todos os portugueses que haviam partido junto com o príncipe regente, incluindo as terras e os palácios reais. A prataria das igrejas, que, na apressada fuga, ficara abandonada no cais, foi derretida. Parte dos 40 mil soldados do Exército português foi incorporada às tropas francesas e despachada para a Alemanha, onde seria dizimada em 1812, durante a fracassada tentativa de invasão da Rússia por Napoleão. O governo provisório nomeado por dom João no dia da partida foi destituído e substituído por um "conselho administrativo" subalterno ao general Junot. Por fim, como o imperador francês havia prometido meses antes, a própria dinastia real de Bragança foi declarada extinta.

O POVO RESISTE E SOFRE

Com privilégios e propriedades a resguardar, os nobres procuraram aderir rapidamente ao conquistador. Mal o príncipe regente havia embarcado para o Brasil, uma numerosa delegação da elite portuguesa foi à cidade de Bayonne, na França, prestar homenagens a Napoleão. O grupo incluía quatro marqueses, um conde, um visconde, o inquisidor-mor e o bispo de Coimbra.

Atitude bem diferente foi a do povo português, que tinha tudo a perder e nada a ganhar com a invasão francesa. Sem a opção de fugir, como fizera o príncipe regente, ou bajular, como fazia a elite remanescente, os portugueses comuns resistiram ao invasor. Motins e sublevações populares irromperam por toda a parte.

Entre 1807 e 1814 Portugal perdeu meio milhão de habitantes. Um sexto da população pereceu de fome ou nos campos de batalha ou simplesmente fugiu do país. Nunca, em toda sua história, Portugal havia perdido um número tão grande de habitantes em tão pouco tempo.

"Portugal ficou num estado lamentável de penúria", escreveu o historiador inglês sir Charles Oman. "Com seus portos bloqueados, era impossível vender vinhos para seus antigos compradores ingleses ou manufaturas para os colonos brasileiros. O desemprego tomou conta de Lisboa. Famintos, os moradores migraram em bando para o interior do país, em busca do que comer. A capital ficou deserta. Nas ruas não se via nenhum veículo ou pedestre, com exceção de 20 mil pessoas reduzidas à condição de mendigas, tentando viver de esmolas."

Graças à resistência obstinada dos portugueses e espanhóis, a Inglaterra conseguiu, finalmente, furar o bloqueio continental imposto por Napoleão e iniciar a série de campanhas vitoriosas da Guerra Peninsular que, mais tarde, resultaria na queda definitiva do imperador francês em Waterloo. Portugal, no entanto, não se beneficiou de imediato dessas vitórias. No confronto entre as duas grandes potências europeias — França e Inglaterra —, os portugueses eram tratados como parceiros de segunda linha.

Era uma situação inacreditável, em que as duas potências repartiam entre si o butim da guerra, sem levar em conta os direitos dos portugueses. Os bens saqueados pelos franceses não seriam devolvidos aos seus proprietários originais, vítimas da invasão, mas simplesmente repassados aos novos ocupantes — os ingleses. O acordo causou revolta geral em Portugal e, mais tarde, foi parcialmente revogado pelo Parlamento britânico, que o julgou excessivamente injusto para os portugueses. Na ausência da corte, Portugal na prática se transformou num protetorado britânico.

A insatisfação era resultado menos das humilhações que o país havia sofrido na guerra e mais dos crescentes privilégios assegurados por dom João a ingleses e brasileiros depois da mudança para o Rio de Janeiro. Do ponto de vista dos portugueses, essa situação era insustentável. Eles tinham ficado com todo o ônus da mudança, cabendo ao Brasil e à Inglaterra todos os benefícios. A abertura dos portos da antiga colônia, em 1808, e o tratado especial de comércio com os ingleses, em 1810, haviam sido golpes duríssimos para os comerciantes portugueses, que quase foram à falência.

Em Portugal, alimentava-se a esperança de que, terminada a guerra, o tratado seria revogado e a corte retornaria a Lisboa. Não aconteceu uma coisa nem outra. O tratado continuaria em vigor ainda por muito tempo. E dom João simplesmente não queria voltar tão cedo. A rigor, depois de 1810, ele já não tinha razões para permanecer no Brasil. Nesse ano, as últimas tropas francesas haviam sido expulsas de Portugal. A partir daí, a Guerra Peninsular se concentraria na Espanha, onde duraria mais quatro anos. Se quisesse, o príncipe regente poderia ter retornado em segurança a Lisboa sem problema algum apenas dois anos depois de ter partido. Seus planos, porém, eram outros. Dom João sabia que, se o Império português tinha algum futuro, suas chances de sobrevivência estavam mais no Brasil do que em Portugal. Por isso, resistiu enquanto pôde às pressões para retornar.

Na manhã de 24 de agosto, tropas rebeladas reuniram-se no Campo de Santo Ovídio, no Porto, e se declararam contra o domínio inglês. No manifesto que distribuíram à população, os militares lamentavam a situação de penúria em que o país se encontrava e a ausência do rei. Três semanas mais tarde, no dia 15 de setembro, a revolta chegou a Lisboa, onde se registraram várias manifestações populares pedindo o fim do absolutismo monárquico. No dia 27 foi constituída na cidade de Alcobaça a Junta Provisional Preparatória das Cortes, que ficariam encarregadas de redigir uma nova constituição liberal. As Cortes eram um conselho de Estado previsto no regime monárquico português, que havia se reunido pela última vez em 1698, mais de 120 anos antes. Sua simples convocação, depois de tanto tempo ausente do cenário político português, indicava o quanto o poder do rei estava ameaçado. Pela decisão dos revoltosos, a dinastia de Bragança seria poupada, mas a volta do rei a Portugal virava uma questão de honra.

DOM JOÃO DECIDE VOLTAR

No dia 10 de outubro, o marechal Beresford, que tinha viajado ao Rio de Janeiro com o objetivo de pedir mais poderes e recursos a dom João VI para conter a rebelião, foi impedido de desembarcar ao retornar a Lisboa e destituído de suas funções. Em seu lugar, formou-se uma nova junta de governo, composta por representantes da burguesia e da nobreza, clérigos e militares, sob a liderança do Sinédrio, organização secreta criada no Porto em 22 de janeiro de 1818 e cujas ideias e articulações haviam sido fundamentais para o sucesso da revolução liberal.

Reunidas em fevereiro de 1821, as Cortes tinham uma pauta extensa de trabalho: liberdade de imprensa, elaboração de um novo código civil e criminal, supressão da Inquisição, redução do número de ordens religiosas, anistia aos presos políticos e instalação de um banco em Portugal, entre outras medidas. A principal exigência, no entanto, era a volta do rei a Portugal. No Rio de Janeiro, o chamado Partido Português, integrado por militares de alta patente, funcionários públicos e comerciantes interessados em restabelecer o antigo sistema colonial e os privilégios da metrópole, também defendia o retorno.

Ao ouvir as exigências dos revoltosos, dom João VI enfrentou um dilema insolúvel, que dizia respeito ao futuro do próprio Império português. Se voltasse a Portugal, poderia perder o Brasil, que, seguindo o caminho das vizinhas colônias espanholas, acabaria por declarar a sua independência. Se, ao contrário, permanecesse no Rio de Janeiro, perderia Portugal, onde o vendaval revolucionário, produzido pelos ressentimentos acumulados em uma década e meia, parecia incontrolável.

De início, dom João cogitou a hipótese de enviar a Portugal o príncipe herdeiro, dom Pedro, enquanto ele próprio permaneceria no Brasil. Seria uma forma de satisfazer as exigências das Cortes e apaziguar os revolucionários. Dom Pedro não queria ir por duas razões. A primeira é que se sentia mais à vontade no Brasil, aonde havia chegado com quase dez anos e onde tinha todos os seus amigos e conselheiros. A segunda é que sua mu-

lher, a princesa Leopoldina, estava nas últimas semanas de gravidez e poderia ter o filho em alto-mar — uma situação de alto risco para a época. Depois de muitas discussões, dom João surpreendeu os seus auxiliares com a seguinte frase: "Pois bem, se o meu filho não quer ir, irei eu".

Era uma atitude inesperadamente corajosa para um rei que sempre dera mostras de insegurança, medo e indecisão.

O RETORNO

No dia 24 de abril de 1821, um cortejo fúnebre atravessou em silêncio as ruas do Rio de Janeiro. Transportava para a câmara ardente de uma fragata ancorada no porto os restos mortais da rainha dona Maria I, falecida em 1816, e do infante dom Pedro Carlos, vítima da tuberculose em 1812. Dom João VI acompanhou a procissão à luz dos archotes, atrás dos dois esquifes — um retirado do Convento da Ajuda, o outro, do Convento de Santo Antônio. Era o ato final da corte portuguesa no Brasil. Dois dias mais tarde, o rei partia do Rio de Janeiro, contra a sua vontade e sem saber exatamente o que o esperava em Portugal. Deixava para trás um país completamente mudado, que o acolhera com tanta alegria treze anos antes e no qual o processo de independência era já previsível e inevitável. Tão certa era essa possibilidade que, poucas horas antes da cerimônia fúnebre do dia 24, dom João chamou o filho mais velho e herdeiro da coroa, então com 22 anos, para uma última recomendação: "Pedro, se o Brasil se separar, antes seja para ti, que me hás de respeitar, que para algum desses aventureiros".

As semanas que antecederam a partida foram tensas e repletas de aflição. Os ecos da Revolução do Porto haviam chegado ao Brasil em meados de outubro do ano anterior e bastaram algumas semanas para inflamar os ânimos dos brasileiros e portugueses que cercavam a corte. Na manhã de 26 de fevereiro, uma multidão aglomerada no largo do Rocio, atual praça Tiradentes, exigia a presença do rei no centro do Rio de Janeiro e a assinatura da Constituição liberal. Ao ouvir as notícias, a alguns quilômetros dali, dom João ficou muito assustado e mandou fechar todas as janelas no Palácio São Cristóvão, como fazia em noites de trovoadas.

Pouco depois chegou o príncipe dom Pedro, que passara a madrugada em conversas com os rebeldes. Vinha buscar o rei, como exigia a multidão. Dom João ficou apavorado com a

Napoleão
Bonaparte
morre na ilha
de Santa Helena

lembrança de uma cena da ainda recente Revolução Francesa. Foi a noite em que milhares de pessoas cercaram o Palácio de Versalhes, capturaram o rei Luís XVI e a rainha Maria Antonieta e os levaram até Paris, onde, tempos mais tarde e após uma fracassada tentativa de fuga, seriam decapitados na guilhotina. Apesar do medo que o episódio o inspirava, dom João embarcou na carruagem que o aguardava e seguiu para o centro da cidade. A caminho, no entanto, percebeu que, em lugar de ofensas e gritos de protestos, a multidão aclamava seu nome. Ao contrário do odiado Luís XVI, o rei do Brasil era amado e querido pelo povo carioca. Depois de uma viagem de meia hora, apareceu trêmulo na sacada do Paço Real. Mal conseguiu balbuciar as palavras que lhe ditaram e que tiveram de ser repetidas por dom Pedro em alta voz, para delírio da multidão. Dom João VI, o último rei absoluto de Portugal e do Brasil, aceitava, sim, jurar e assinar a Constituição, que lhe tirava parte de seus poderes.

"AQUI QUEM MANDA É O POVO"

A euforia de 26 de fevereiro, porém, logo deu lugar a novas agitações. Os líderes mais radicais achavam as reformas constitucionais insuficientes. Queriam que o rei cedesse mais. Por isso, uma segunda manifestação popular foi marcada para o dia 21 de abril, aniversário do enforcamento de Tiradentes. Aos gritos de "aqui governa o povo" e "haja revolução", a multidão reunida na então praça do Comércio exigia que dom João jurasse a Constituição de Cadiz, documento mais radical do que o primeiro, adotado na cidade espanhola de Cadiz em 1812, durante os levantes da Guerra Peninsular, e que havia se tornado uma inspiração para os revolucionários portugueses em 1820. Queria também que o rei permanecesse no Brasil, contrariando a decisão das

Cortes portuguesas. Dessa vez, a manifestação terminou em tragédia, violentamente reprimida pelas tropas comandadas pelo príncipe dom Pedro. Trinta pessoas morreram e outras dezenas ficaram feridas.

Dom João partiu do Rio de Janeiro em 26 de abril, cinco dias depois do massacre da praça do Comércio. Sua comitiva incluía cerca de 4 mil portugueses — um terço do total que o havia acompanhado na fuga de Lisboa, treze anos antes. Conta-se que o rei embarcou chorando de emoção. Se dependesse apenas de sua vontade, ficaria no Brasil para sempre. Porém, uma vez mais, aquele rei gordo, bonachão, sossegado, solitário, indeciso e, muitas vezes, medroso curvava-se ao peso das responsabilidades que a história lhe impunha.

O retorno da corte deixou o Brasil à míngua, às vésperas de sua Independência. Ao embarcar, dom João VI raspou os cofres do Banco do Brasil e levou embora o que ainda restava do Tesouro Real que havia trazido para a colônia em 1808.

Dom João VI chegou a Lisboa no dia 3 de julho, depois de 68 dias de viagem, tão vulnerável quanto havia partido. Quando saíra, em 1807, era refém da Inglaterra e fugitivo de Napoleão. Agora tornava-se novamente refém, dessa vez das Cortes portuguesas. Para os portugueses, que por tantos anos ansiavam pela volta da família real, o retorno de dom João ao cais de Lisboa foi um espetáculo surpreendente, tanto quanto havia sido para os brasileiros treze anos antes. É o que se pode ver nesta descrição de Oliveira Martins: "Já velho, pesado, sujo, gorduroso, feio e obeso, com o olhar morto, a face caída e tostada, o beiço pendente, curvado sobre os joelhos inchados, baloiçando como um fardo entre as almofadas de veludo dos velhos coches dourados [...] e seguido por um magro esquadrão de cavalaria — era, para os que assim o viram, sobre as ruas pedregosas de Lisboa, uma aparição burlesca".

O NOVO BRASIL

Em maio de 1821 a esquadra de dom João VI ainda estava na altura do nordeste brasileiro, a caminho de Lisboa, quando, a milhares de quilômetros a leste de seu curso, nos rochedos solitários da ilha de Santa Helena, Napoleão Bonaparte deu o último suspiro. O homem responsável pela fuga da corte portuguesa para o Brasil e por quase todos os tormentos da vida de dom João morreu na manhã de 5 de maio. A causa da morte do imperador francês foi, por muito tempo, alvo de polêmica. De início, suspeitou-se que tivesse sido envenenado com arsênico. Pesquisas mais recentes apontam que a causa mais provável seria um câncer no estômago. Enquanto esteve preso em Santa Helena, Napoleão ditou suas memórias, nas quais fez um balanço da vida e da carreira militar, com suas conquistas e derrotas. Para dom João VI reservou uma só frase, lacônica: "Foi o único que me enganou".

Esses dois homens, cujos destinos se cruzaram pela última vez nos mares do Atlântico Sul, deixavam legados que haveriam de afetar profundamente o futuro de milhões e milhões de pessoas. O de Napoleão, já bem avaliado pelos historiadores, incluía o redesenho do mapa político da Europa. No prazo de vinte anos, o antigo regime monárquico, que por tantos séculos havia dominado o continente, entraria em colapso, dando lugar a um mundo agitado por revoluções, em que a autoridade e a legitimidade dos governantes seriam o tempo todo postas em dúvida.

No caso de dom João VI, o legado ainda é motivo de controvérsia. Alguns atribuem ao seu caráter tímido e medroso a derrocada final da monarquia e do próprio Império colonial português. Outros, no entanto, o consideram um estrategista político que, sem recorrer às armas, enfrentou com sucesso os exércitos de Napoleão e conseguiu não só preservar os interesses de Portugal como deixar um Brasil maior e melhor do que havia encontrado ao chegar no Rio de Janeiro, em 1808.

Nenhum outro período da história brasileira testemunhou mudanças tão profundas, decisivas e aceleradas quanto os treze anos em que a corte portuguesa morou no Rio de Janeiro. Num espaço de apenas uma década e meia, o Brasil deixou de ser uma colônia fechada e atrasada para se tornar um país independente.

A preservação da integridade territorial foi uma grande conquista de dom João VI. Sem a mudança da corte portuguesa, os conflitos regionais teriam se aprofundado a tal ponto que a separação entre as províncias seria quase inevitável. Não seríamos este país continental de hoje, mas teríamos o território dividido em diferentes nações.

Graças a dom João VI, o Brasil se manteve como um país de dimensões continentais, que hoje é o maior herdeiro da língua e da cultura portuguesas. Ironicamente, esse legado não seria desfrutado por dom João ou pela metrópole portuguesa. "Ele próprio regressava menos rei do que chegou", escreveu Oliveira Lima. "Deixava contudo o Brasil maior do que o encontrara." Em outras palavras, ao mudar o Brasil, dom João VI o perdeu para sempre. O resultado foi a Independência, em 1822.

Este livro, composto na fonte Mercury Text G1,
foi impresso em papel Offset 90 g/m², na AR Fernandez.
São Paulo, dezembro de 2025.